本书获上海外国语大学教材基金资助

MARKET MICROSTRUCTURE
Perspective of High-Frequency Trading

市场微观结构
高频交易视角

李路 编著

图书在版编目(CIP)数据

市场微观结构:高频交易视角/李路编著. —北京:北京大学出版社,2024.5
ISBN 978-7-301-34998-4

Ⅰ.①市… Ⅱ.①李… Ⅲ.①金融市场—市场结构—高等学校—教材 Ⅳ.①F830.9

中国国家版本馆CIP数据核字(2024)第082303号

书　　　名	市场微观结构：高频交易视角 SHICHANG WEIGUAN JIEGOU: GAOPIN JIAOYI SHIJIAO
著作责任者	李　路　编著
责 任 编 辑	杨丽明　张宇溪
标 准 书 号	ISBN 978-7-301-34998-4
出 版 发 行	北京大学出版社
地　　　址	北京市海淀区成府路205号　100871
网　　　址	http://www.pup.cn　新浪微博:@北京大学出版社
电 子 邮 箱	zpup@pup.cn
电　　　话	邮购部 010-62752015　发行部 010-62750672　编辑部 021-62071998
印 　刷 　者	北京鑫海金澳胶印有限公司
经 销 者	新华书店
	730毫米×980毫米　16开本　12.5印张　212千字 2024年5月第1版　2024年5月第1次印刷
定　　　价	69.00元

未经许可，不得以任何方式复制或抄袭本书之部分或全部内容。
版权所有，侵权必究
举报电话：010-62752024　电子邮箱：fd@pup.cn
图书如有印装质量问题，请与出版部联系，电话：010-62756370

目录
Contents

导论　市场微观结构与高频交易 ……………………………………… 001
　　第一节　市场微观结构概述 ………………………………………… 001
　　第二节　高频交易对金融市场的改变 ……………………………… 002

第一部分　市场微观结构的基础知识

第一章　限价指令订单簿 ……………………………………………… 009
　　第一节　海外市场订单簿的构成原理 ……………………………… 009
　　第二节　中国市场订单簿的独特之处 ……………………………… 013
第二章　流动性与市场结构 …………………………………………… 018
　　第一节　流动性的内涵 ……………………………………………… 018
　　第二节　分割与集中的市场结构 …………………………………… 021
第三章　市场交易的参与者 …………………………………………… 026
　　第一节　交易所 ……………………………………………………… 026
　　第二节　经纪商 ……………………………………………………… 027
　　第三节　投资者 ……………………………………………………… 028

第二部分 高频交易的发展与监管

第四章 高频交易的诞生与发展 ·· 033
第一节 美国市场高频交易的发展历史 ···················· 033
第二节 高频交易的功过是非 ···································· 038

第五章 高频交易的学术研究 ·· 041
第一节 从理论视角理解高频交易 ···························· 041
第二节 高频交易如何影响市场流动性？ ················ 044
第三节 高频交易本身提供流动性吗？ ···················· 045
第四节 高频交易如何影响市场稳定性？ ················ 050
第五节 特殊情形的高频交易 ···································· 051
第六节 高频交易与其他市场参与者 ························ 054
第七节 高频交易监管政策的学术评价 ···················· 056

第六章 高频交易的策略原理 ·· 060
第一节 高频交易的策略构成 ···································· 060
第二节 高频交易的核心策略：做市交易 ················ 062
第三节 高频交易的对立面：暗池交易 ···················· 068
第四节 大数据技术对高频交易的影响 ···················· 077

第七章 高频交易的典型策略 ·· 089
第一节 投机交易策略 ·· 089
第二节 套利交易策略 ·· 092
第三节 返还交易策略 ·· 095
第四节 闪电交易策略 ·· 98
第五节 幌骗交易策略 ·· 100
第六节 冰山交易策略 ·· 103

第八章　高频交易的典型案例 …… 108
第一节　"闪电崩盘"事件 …… 108
第二节　光大证券"乌龙指"事件 …… 111

第九章　高频交易的监管应对 …… 116
第一节　高频交易商业模式的争议 …… 116
第二节　极端市场情况下的高频交易 …… 117
第三节　海外市场高频交易的监管制度 …… 121
第四节　中国市场高频交易的监管建议 …… 127

第三部分　市场结构的变革与演进

第十章　欧盟金融市场结构 …… 133
第一节　欧盟《金融工具市场指令》(MiFID)基本概况 …… 133
第二节　修订后的欧盟《金融工具市场指令》(MiFID Ⅱ) …… 141

第十一章　美国证券市场结构 …… 149
第一节　Reg NMS 的制度背景 …… 149
第二节　Reg NMS 的监管创新 …… 154
第三节　Reg NMS 的评价标准 …… 156

第十二章　全球衍生品市场结构 …… 159
第一节　可互换性对场内衍生品市场的影响 …… 159
第二节　区块链技术对场外衍生品市场的影响 …… 165

第十三章　全球清算市场结构 …… 176
第一节　传统的清算模式 …… 176
第二节　可互操作性与新的清算模式——连通清算模式 …… 178

参考文献 …… 185

后　记 …… 193

导论　市场微观结构与高频交易

本部分介绍市场微观结构的基本概念及其在金融学中的学科地位,重点分析高频交易对金融学的颠覆影响与改变。

第一节　市场微观结构概述

在现实经济生活中,投资者的很多决策需要依赖金融市场。比如,当投资者计划进行投资或制定对冲策略时,需要依赖金融市场的价格。然后,投资者带着投资策略进入金融市场,期望可以轻松地完成后续交易。随着投资策略的展开,他也会经常用金融市场来监督投资策略的进展并且修改相关策略。最后,当投资者想要将投资收益变现或不再需要进行套期保值等操作时,就可以轻松卖出手上的金融产品或撤销对冲策略。

在微观经济学的供需框架下,市场是完美且无摩擦的。在这样的市场中,每个买方和卖方都被视为"原子",因为他们相对于市场而言很渺小,而且每个交易者也知道自己很渺小,他们认为自己所做的任何事情都不会影响市场价格。交易者真实地表达自己的偏好,例如,当他们被问到"价格是多少的时候你会买"时,他们会诚实地回答(不会虚张声势或假装需求较小以获得较低的价格)。于是,所有买家共同定义了市场的需求曲线(当价格较低时买得较多,价格较高时买得较少);而所有卖家共同定义了供给曲线;总需求量等于总供给量时的数量和价格就是均衡的数量和价格。然而,上述达到平衡点的过程原则上是由做市商(中间商)完成的:做市商喊出一个价格,问:"谁愿意以这个价格购买?""谁愿意以这个价格卖出?"然后,做市商会不断地调整价格,直到总供给和总需求达到平衡,市场得以均衡和清算。

金融市场常常被认为是最接近这种理想状态的场所。从某个角度来看，确实如此。金融市场上有成千上万的持有金融产品的投资者和成千上万的潜在买家。然而，实际情况很有可能与假设不一样：虽然数以百万计的人持有金融产品，但当他们真正交易时，可能只有极少数人在参与这个市场。最终，市场参与者可能只有两种：投资者自己和他们的对手方。如此一来，大规模的完美竞争的假设就被打破，价格形成出现了困难。

关于价格形成机制有两种传统观点。第一种观点认为价格形成与交易机制无关，重要的是均衡价格本身；可以通过求解市场清算价格得出均衡价格，而如何实现市场清算价格并不重要。这种方法隐含的假设是交易机制不会影响均衡。第二种观点认为价格形成是基于虚构的瓦尔拉斯拍卖商，他聚集了交易者的供给和需求以找到市场清算价格。虽然瓦尔拉斯拍卖商提供了一种设想价格设定过程的简单方法，但他并没有捕捉到价格形成的真实过程，例如，市场组织的具体结构可能会影响即时成本和交易价格。因此，在这种观点下市场的交易机制非常重要。

市场微观结构主要介绍交易规则及其背后的经济原理，具体而言，一般把设计和规范交易机制的研究称为市场微观结构。尽管本书会不停地讨论构成交易的股票、债券和期权，但关注的重点并不是它们的特征或用途，而是如何形成交易。市场微观结构用于研究在明确的交易规则下交换资产的过程和结果，它分析了具体的交易机制如何影响价格的形成过程，而进入价格形成的"黑匣子"正是理解市场如何分配资源的基础。

从金融学科体系角度来看，资产定价（投资学）、公司财务（公司金融）和市场微观结构组成了金融学的三个基础研究方向。本书专注于市场微观结构领域的基础知识、基本方法和最新发展趋势，特别是金融市场中最新发展起来的高频交易。

第二节　高频交易对金融市场的改变

对于传统金融学而言，价值投资是最重要的交易模式，这需要投资者敏锐地抓住关键的几次机会，且每次必须百分之百正确。然而，关于这种交易方式，普通投资者真的能学会吗？答案是：非常难。关键转折点的判断很多时候并不是靠专业知识,而是靠直觉和悟性,这些都是无法通过学习得到的;即便普通投资者有了这样的知识和悟性,万一市场没有机会呢,毕竟大周期转折机会可能十几年才有那么几次。

值得庆幸的是,最近20年来全球金融市场兴起了一种全新的交易方式——高频交易,也就是没有人工干预、全自动化的高速交易模式,它可以帮投资者把关键的那么几次投资机会,变成成千上万次乃至上亿次的交易机会。高频交易是怎么做到的呢?首先,在数学上可以证明,只要一次交易盈利的可能性比50%多一点,当交易次数足够多时,最终交易盈利的可能性就是100%。比如,一次交易盈利的可能性是51%,当交易次数达到10万次以上时,最终盈利的可能性就是100%。相比要求一次成功概率为100%的传统投资方式,高频交易只需要比50%多一点,只要把次数变得足够多就可以做到成功的投资了。

这正是高频交易名称的由来,它完成一次交易的时间维度是纳秒。1纳秒是什么概念呢?1纳秒等于10^{-9}秒。高频交易可以在如此短的时间里完成一次交易,即买入之后并卖出,这使得之前人类肉眼无法识别的微小交易机会都被高频交易抓住了。

比如,我们在1秒内最多敲击键盘7次。这也就意味着如果通过键盘下单,买卖各一次算完成了1次交易,1秒内最多交易3.5次。而高频交易的纳秒级别交易,意味着1秒内能完成10^9次,也就是10亿次交易。这意味着什么呢?打个比方,在传统金融市场中1秒钟时间内的一买一卖,好比在1秒的两点之间连接了一条直线,收益就是直线的长度;而高频交易却可以在一买一卖的两点之间再做很多次交易,这些多次买卖的点连起来就好似一条高高低低的曲线,它的收益是把这条曲线再抻直了的长度,曲线的长度自然远大于直线,而且从理论上说,如果交易次数无限多,曲线的长度可以是无穷大。

那么,高频交易对速度的极致追求到了什么地步呢?例如,大量的高频交易都是通过在纽约和芝加哥两地分别买入、卖出来完成的,之前两地是通过电线来传送信息,但是电线暴露在空气中会受到一些阻力,虽然只会耗费几毫秒的时间,但这对于高频交易来讲就太过漫长了。于是,人们想了一个办法,在纽约和芝加哥之间修建一条地下电缆,穿过农田、山体、商铺,近乎笔直地连接两地,因为但凡多一个拐角,就会多浪费几毫秒。很快,他们又想到了更快的办法,就是从天空传输信息,但是,当交易信号通过卫星来实现纽约和芝加哥两地之间的传送时,又可能被其他竞争者破译,这就需要对交易信号先加密,但这又会花费时间。因此,高频交易现在非常关心从数学原理上不可解的、不需要浪费加密时间、能够保证卫星安全传输信息的量子通信技术。

因此,高频交易的核心就是速度。高频交易是所谓交易速度上的技术创新者,其最神奇的地方是开辟了人类投资金融市场的一块"处女地"。比如说,如果高频交易投资股票,它根本不关注价值,而只关注价格;也不关注央行货币政策、行业发展前景、公司盈利状况这些基本面信息;甚至不关注自己买的是哪家公司的股票,在它眼中这些都是符号而已。它只关心这只股票的买卖双方讨价还价时谁的声音大、脖子粗,也就是买卖意愿和话语权。在高频交易眼里,这些才是价格的真正来源。

为什么高频交易不用研究"基本面"呢?传统金融市场的投资好比在海面航行,需要判断经济环境、宏观政策、企业基本面,也就是水温、风向以及洋流等多种因素。而高频交易的投资方式就好比在深海潜水,海面上的那些因素统统失效了,只有海底礁石结构,也就是"技术面"的因素在起作用,比如,这只股票是不是突然间多了很多买家?这就是高频交易开辟的"新战场"——订单簿。除此之外,高频交易还从金融思想上倾覆传统金融学的大厦,事实上,它正在改写传统金融学。

举一个例子,传统金融学的理论基础是"市场有效",也就是说价格会立刻即瞬间反映信息,而事实真的如此吗?比如,美国前总统特朗普发了一条利好军工股票的推特。传统金融学认为市场中的投资者都是理性的,大家都能够预期到利好影响,于是军工股票价格瞬间,也就是0秒,就能上涨到位,价格瞬间对标到价值上;事实上,特朗普带来的信息需要一个一个的投资者通过实实在在的买入交易才能反映到价格中去,而交易需要花费时间,所以军工股票价格肯定不会是0秒到位。同理,所有信息到达市场,都是买卖双方不断交易、市场不断消化的过程,即价格找到价值需要一个过程和时间。

回首交易,其本质是信息与价格的关系,而高频交易恰好完美地阐释了这种关系,它使一些"古老"的经济学理论得到了印证,这又是一种回归。可以说,高频交易让交易回归本源,即交易的目的不是预测价格的涨跌,而是让信息更快、更真实地反映到价格中去。

综上所述,从金融学大厦的理论来看,高频交易让人类能够深入理解信息与价格的关系,也让那些争论不休的,如市场是否有效的观点尘埃落定,同时让投资学、公司财务、市场微观结构等传统金融学分支发生变革。因此,高频交易不仅是人类金融市场进入纳秒时代的必然产物,更是对信息与价格关系这一古老而又最为重要的经济学理论认知的回归。

思考题

1. 决定金融市场运行的因素有哪些?
2. 交易机制如何影响价格形成过程?
3. 什么是市场微观结构?
4. 高频交易如何改变传统金融学?

视频资源

1. 市场微观结构概述
2. 金融学的核心思想
3. 金融学科知识分类

第一部分
市场微观结构的基础知识

第一章　限价指令订单簿

在全球市场,大多数股票、期货和期权的交易都是围绕着限价指令订单簿(limit order books)进行的。

第一节　海外市场订单簿的构成原理

本节以美国股票市场为例,基于订单簿的交易机制和原则,阐述市场交易的主要特征及其运作机制,而这些原理在全球其他市场也是相似的。

一、价格形成

投资者经常把证券的"价格"当作一个单一的、唯一的、定义明确的数字。然而事实上,市场经常会提供给投资者几个数字:(1)最近价格(最近的交易价格)(last sale price);(2)买入报价(也称买价、买入价)(bid quote),即某投资者公开愿意购买的最高价格;(3)卖出报价(也称卖价、卖出价)(ask quote),即某投资者公开愿意出售的最低价格。

当人们看到某一个价格被媒体报道时,这个价格往往是指最近价格。这一价格的有效性往往来源于交易真实发生这个事实。由于交易发生在价格披露之前,这个价格不可能是完全实时的(很可能已经过期)。这个价格与人们当下考虑的交易中所愿意支付或出售的价格可能会有很大的不同。买价以及卖价都是假定价格,它们可能促成交易,也可能导致交易失败。

根据市场惯例,买价和卖价可能是具有指示性的。在市场存在指示性买价情况下,潜在的卖方必须直接联系买方并且询问对方愿意以什么价格成交。如果买价确定,即可拍板成交,交易不需要进一步讨论。同样,如果卖价确定,买方可以选择"解除"(lift)或者"接受"(accept)价格。在美国股票市场，买价和卖价是确定的，可以立即执行，但附带资格准则另有规定的除外。

买价和卖价之间的差就是价差（spread）。假设买价和卖价不变，价差就是买方立即逆转交易的成本；如果买价和卖价是由同一个经纪商公布，价差就代表着利润。

买卖双方报价的平均值，称为买卖双方中点，它有时被视为一种方便买卖双方的价格指标。特别是对于非经常交易的股票，最近价格可能相当陈旧，买卖价差可能非常大，因此买卖双方中点是特别有用的。

二、买价和卖价的来源

谁能在市场中提出买价或者卖价呢？从某种意义上说，答案是"任何人"。但是如果价格指令并未让他人所知，也没有人能够执行，那就是没有意义的。为了让出价或者报价变得有意义，必须使其公开可得。在某些市场中，所有买价和卖价都是由专业的中介机构——做市商提出的。客户的买价和卖价并没有什么意义，因为这些价格不被市场接受。

在美国股票市场中，任何人都可以很容易地提出买价或者卖价。投资者可以决定是否将其提出的买价或卖价显示出来。如果价格指令可见，就能够提高其被执行的可能性，从而起到一定的保护作用。在任何给定时刻，市场上都可能有许多来自各种散户和机构投资者的买价和卖价。这些买价和卖价就是客户的限价指令，限价指令或限价订单的集合称为限价指令订单簿（简称"订单簿"）。

有时候，由客户订单组成的订单簿是买价和卖价的唯一来源，所有交易都可以在订单簿上找到买价和卖价的提出方。在这种情况下，订单簿就是中央市场机制。围绕着订单簿来组织的市场被称为限价指令市场，有时也被称为指令驱动市场。目前，在全球范围内，限价指令市场主导了股票、期货和期权交易。另外一种市场机制是做市商市场（dealer market），也称为报价驱动市场（quote-driven market）。

三、执行程序

限价指令指定了买卖方向、股票数量和价格。例如，"买 200 股微软，限价 25 美元"的意思是"买入 200 股微软，但每股不超过 25 美元"。当这个订单到达市场中心（market center）时，中心会先对这个订单进行"匹配"。在本例中，匹配（也称为交易、执行或填充）发生在刚到达的订单（arriving order）出价刚好等于或者超过卖方已有的订单（standing order）价格时。

假设订单簿上已有一个卖方订单："卖 200 股微软，限价 25 美元"，一个刚到达的订单是："买 200 股微软，限价 25 美元"，那么这个订单就是可以交易的，交易价格是 25 美元。最终交易价格由预先存在的订单决定。如果新的订单是"买 200 股微软，限价 50 美元"，那么最后的成交价格仍然为 25 美元。交易数量由买入和卖出数量中较少的一方决定。如果新的订单是"买 300 股微软，限价 25 美元"，则"交易 200 股"（由较小的买入量决定）。如果新的订单是"卖 50 股微软，限价 25 美元"，则"交易 50 股"（由较小的卖出量决定）。

四、订单簿上的优先权

当一个满足交易条件的订单到达订单簿时，订单簿上可能已经有很多有效的候选订单可供执行，那么哪一个订单具有优先执行的权利呢？在大多数市场中，价格最为优先。价格相对较高的买入指令被认为是（相对）激进的（买方愿意支付更高的价格），价格相对较低的卖出指令也被认为是（相对）激进的（卖方愿意接受更低的价格）。（相对）激进的限价指令优先于其他指令。

然而，在价格之后的第二优先级各不相同。这些优先级的设定通常是为了促进交易所的流动性，提升交易所作为理想交易场所的吸引力。最常见的第二优先级是时间，即先到先执行。这一原则鼓励买方和卖方迅速以自己能提供的最好的价格挂单。

有些订单簿接受标记为"隐藏"的订单。这些订单客观存在于订单簿中，它们可以被执行，但不显示。虽然这样的订单也可以交易，但是可见订单通常比"隐藏"订单更为优先，即使这些可见订单更晚到达订单簿。可见的限价订单就像是在为市场做广告，所以从交易所的角度来看，让这些订单优先是有道理的。

有些市场优先考虑大额订单。大额订单表明该交易所有能力处理大宗交易。大额优先原则可以通过按比例分配交易量的方式来实现。在比例分配系统中,同一价格下的所有限价订单都以其订单量为比例共享每一次总的交易数量,而不管每个订单提交的先后顺序。例如,假设有两个限价订单的买价都是100美元,订单量分别为100股和900股。这时如果一个有效卖单进入市场:"卖200股,限价100美元",那么最终想要买100股的买方实际上只买到20股,而想要买900股的买方则能买到180股。

五、买卖双方的相互作用

假设目前订单簿的状态如表1-1所示。

表1-1 订单簿状态

	价格(美元)	订单量(股)	到达时间	交易者
	50.12	1000	9:30	C
卖	50.11	500	9:32	B
	50.10	400	9:31	A
	50.05	1000	9:30	D
买	50.04	500	9:32	E
	50.03	400	9:31	F

此处显示交易者的名称是为了方便下文对订单的指代。在美国股票市场的订单簿中,投资者的名字是不显示的。如果买价或者卖价来自专业的机构,那么有可能会点明这家机构的名称。

如果投资者G发出一个订单:"买500股,限价50.10美元",则他能够先成交一部分,从投资者A那里以每股50.10美元的价格买入400股。剩下未买入的100股则会被加到订单簿里的买方。市场中新的最高买价就来自他的订单——50.10美元。同时,市场中新的最低卖价是投资者B的50.11美元。

有时候订单上还要附加一些条件,最常见的就是"立即执行或撤销"(immediate or cancel,简称IOC)订单。如果投资者G的订单是立即执行或撤销订单,他仍然会买入 400 股,但订单中未买入的 100 股不会再被添加到买方订单簿。如果投资者 G 的订单是"全部执行或撤销"(all or nothing,简称 AON)订单,他就不会买入 400 股。尽管如此,在大多数交易系统中,他的订单仍被认为是有效且活跃的。只有投资者 A 或者其他卖家以 50.10 美元的价格在卖方订单簿中再增加 100 股时,投资者 G 的订单才会执行,即一次性买入 500 股。"立即全部执行或撤销"(fill or kill,简称 FOK)订单是 IOC 和 AON 订单的组合。如果投资者 G 的订单标记为 FOK,那么不会有任何交易发生。

如果投资者 G 发出一个"买 1000 股,限价 50.12 美元"的指令,他的订单将以多个价格执行即"遍历订单簿"(walks through the book)。他先以每股 50.10 美元买入投资者 A 的 400 股,再以每股 50.11 美元买入投资者 B 的 500 股,最后以每股 50.12 美元买入投资者 C 的 100 股。

第二节 中国市场订单簿的独特之处

中国市场在价格形成机制和订单簿方面与海外市场非常相似,但有其独特之处,主要体现在切片数据和三价居中原则上。

一、切片数据

从理论上看,订单簿的上半部分是卖家,下半部分是买家,如果买价大于等于卖价,市场就会有交易发生,形成价格,而连接所有价格之后,就形成完整的价格曲线。但是,中国市场并不是这样,价格曲线和订单簿都是部分的,这种不真实来源于中国市场独特的信息披露机制——切片数据。

切片是什么?非常像看照片,不可能是连续的,只能是一个片段加一个片段。与之相对应的概念是逐笔。逐笔非常像看电影,是一个非常流畅的过程,能看到人物和景色的动态变化,是一个连续的过程。因此,在中国市场,价格曲线并不是"所有"价格点连接而成的,而是"极小部分"价格点连接而成的,原因正是因为切片数据的存在,即卖单和买单在成交过程中形成的所有价格,只有很少一部分"记录在案"用于形成中国市场的价格曲线,而绝大部分并没有机会成为形成价格曲线的价格点。

例如,在中国股票市场中,订单簿相当于3秒一次快照给我们发送一次信息。即我们看到的订单簿是3秒一次、3秒一次的切片信息,而看不到3秒之内整个订单簿发生了什么变化,比如有没有报单更新？有没有成交？价格怎么变化？等等。因此,中国股票市场的价格曲线是连接了3秒一次、3秒一次的极小部分的价格点形成的,而在中国期货和期权市场中,价格曲线是连接了0.5秒一次、0.5秒一次的极小部分的价格点形成的,这并不是一个真实的价格曲线。

不仅价格曲线是残缺不全的,中国市场的订单簿本身也是部分的。以股票市场为例,从卖方的角度来讲,订单簿披露出来最高的是卖十；从买方的角度来讲,订单簿披露出来最低的是买十。值得注意的是,股票市场披露的卖十和买十之间的切片数据称为 Level2 数据,这是需要付年费才能看到的,平日能免费看到的只有卖五和买五之间的切片数据,即 Level1 数据。对于中国的期货和期权市场而言,披露的卖五和买五之间的切片数据称为 Level2 数据,平日能免费看到的只有卖一和买一之间的切片数据,即 Level1 数据。

那么,海外市场的价格是怎么形成的？比如,美国金融市场是一个逐笔数据的信息反应过程,即订单簿中的任何风吹草动,都会反映到公布的价格曲线中。我们能够看到的信息,就是全市场最全的信息。切片式的信息缺损太多,所以价格的反应没有逐笔数据那么敏捷和迅速。中国市场目前也正处于由切片数据转向逐笔数据的改革过程中,例如,深圳证券交易所推出的高频数据已经非常接近美国股票市场的逐笔数据了。

二、三价居中原则

中国市场的三价居中原则要求交易所考虑上一笔成交价,交易所将买价、卖价、上一笔成交价按照从高到低顺序进行排序,然后选取中间价作为成交价。举例来说：现有一投资者愿意出价9元买入,另一投资者愿意出价8元卖出。按照"价格优先、时间优先"的交易机制,如果是8元的订单先到订单簿,就会按照8元成交；如果是9元的订单先到订单簿,就会按照

9元成交。但是基于三价居中原则的交易机制,却并不是按照上述过程进行的。假设上一笔成交价是8.5元,订单簿中出现了8元(卖价)、8.5元(上一笔成交价)、9元(买价),按照从高到低顺序进行排序是9元、8.5元、8元,8.5元是排在中间的,三价居中原则要求交易所按照中间价8.5元成交。假设上一笔成交价是10元,那就按照10元(上一笔成交价)、9元(买价)、8元(卖价)的顺序排序,最后按照中间价9元(买价)成交。

在中国市场,股指期货、商品期货、股指期权使用的都是基于三价居中原则的交易机制。股票、ETF期权采用的是"价格优先、时间优先"原则。观察中国市场后可以看出,上海证券交易所和深圳证券交易所推出的产品,不论是股票还是期权,采用的都是"价格优先、时间优先"原则。但是中国的期货交易所,包括中国金融期货交易所、大连商品交易所、郑州商品交易所和上海期货交易所,它们推出的产品不论是期货还是期权,采用的都是三价居中原则。

关于"三价居中原则是否助推价格波动"的问题至今也没有一个非常明确的答案,因为期货市场中的流动性相对较好,换句话说,买价、卖价和上一笔成交价这三个价格相差不会特别大。然而,引入期权以后可能就会出现问题,因为对于期权合约来说,实际上它的主力合约可能是活跃的,但是期权同时可能有40—50个合约,其中总会有一些合约是不活跃的。这些不活跃合约的上一笔成交价可能与买价和卖价相差较大,如果这时再考虑上一笔成交价,很有可能使价格失真。从理论上来说,因为考虑上一笔成交价实际上就是考虑上一次的信息,相当于重复利用了信息。如果重复利用信息后的价格无法反映真实的供需关系,可能会产生一些困扰,这就是三价居中原则带来的一些问题。

思考题

1. 请根据"价格优先，时间优先"原则，为如表1-2所示的买方订单构建买方订单簿。

表1-2 买方订单状态

投资者	时间次序	订单量（股）	价格（美元）
A	1	100	20.02
B	2	400	20.05
C	3	200	20.07
D	4	100	20.06
E	5	300	20.07
F	6	300	20.05

2. 请根据"价格优先，时间优先"原则，为如表1-3所示的卖方订单构建卖方订单簿。

表1-3 卖方订单状态

投资者	时间次序	订单量（股）	价格（美元）	是否显示
A	1	100	10.10	是
B	2	400	10.02	是
C	3	200	10.01	否
D	4	100	10.02	是
E	5	300	10.01	是
F	6	300	10.10	否
G	7	200	10.00	否

3. 请根据如表1-4所示的订单簿状态，依次描述投资者交易执行后的结果。

表 1-4 订单簿状态

	投资者	时间次序	订单量（股）	价格（美元）	是否显示
卖	I	5	1000	16.00	是
	G	2	500	15.07	是
	E	1	100	15.07	是
	D	4	300	15.05	否
	A	3	200	15.05	是
买	B	2	400	15.03	否
	C	3	200	15.00	是
	F	4	300	15.00	否
	H	1	300	14.58	是
	J	5	2000	14.50	是

投资者订单要求：

投资者 K：买 300 股，限价 15.05 美元。

投资者 L：买 600 股，限价 15.10 美元。

投资者 M：买 600 股，限价 15.05 美元。

投资者 O：卖出 500 股，限价 15.00 美元。

投资者 P：卖出 500 股，限价 15.02 美元。

投资者 R：卖出 500 股，限价 15.04 美元，LOC。

投资者 S：卖出 500 股，限价 15.04 美元，FOK。

 视频资源

1. 订单簿概述
2. 限价单与市价单
3. 切片数据与逐笔数据
4. 三价居中

第二章 流动性与市场结构

本章从海外市场和中国市场异同的角度,说明流动性的概念及其与市场结构的关系。

第一节 流动性的内涵

市场微观结构领域的流动性主要是指市场流动性,以区别于传统金融市场中资金流动性的概念。

一、流动性的含义

流动性是一个意义宽泛的术语,它概括了投资者在进行交易时所遇到的成本问题和交易的复杂程度。在一个流动性强的市场,交易既便宜又简单。一般来讲,流动性有时可以部分概括为具有即时性(immediacy)、紧密性(tightness)、深度(depth)和弹性(resiliency)。(1) 即时性是快速交易的能力;(2) 紧密性意味着可以用低价进行往返买卖;(3) 深度是指存在大量的接近最佳买价和卖价的买方订单和卖方订单;(4) 弹性表明任何伴随大宗交易而来的价格变动都是短暂的,很快就会消散。

紧密性和深度可以在给定的时间内进行相当精确的测量。然而,对于即时性来说,除了最小的交易数量外,都是带有推测性质的。大宗交易通常是逐步完成的,投资者事先并不知道整个过程需要多长时间。弹性则是一个类似动态的属性。

股票的流动性各不相同,被投资者更广泛持有的股票通常比小额发行的股票拥有更好的流动性。流动性也会随着时间而变化,有时表现为网络效应或外部性。正如一个人从电话中获得的好处取决于他通过电话可以联系到多少人,流动性也取决于其他人持有多少股票以及(暗地里)交易多少股票。如果一个市场中的投资者很活跃,那么他们就更容易找到交易对手。流动性这个术语在其他语境中可以有不同的含义。在公司金融和货币经济学中,流动性指的是某种东西转化为现金(通过出售或借贷抵押)的难易程度。例如,在公司的资产负债表上,该公司持有的短期国库券被认为是流动资产,因为如果该公司需要现金,这些国库券就很容易变现。假设该公司可以利用库存作为抵押从银行借款,这种情况下,存货(inventory)也被视为具有流动性。当有必要作出区分时,可以把上述意义上的流动性称为"资金流动性",而把交易目的的流动性称为"市场流动性"。

透明度(transparency)是指有关市场和交易过程中可用的信息量,它会影响流动性。在美国股市,人们通常了解交易的全部历史(成交额和价格),以及过去和当前的买入和卖出信息。但是在外汇市场中,交易不会被披露,买入和卖出信息也不会被广泛传播。相对而言,美国股市是透明的,外汇市场是不透明的。值得注意的是,良好的市场透明度并不意味着证券有充分的基本面信息。透明度是市场的一个属性,而不是证券本身的属性。交易前透明度(pre-trade transparency)指的是交易之前可以获得的信息,如买价、卖价和最近的历史价格等。交易后透明度(post-trade transparency)是指交易后可获得的信息,如交易价格、成交量等,有时还能获得对方的身份信息。

延迟(latency)是指在提交订单时遇到的延迟,它也会影响流动性。即时性和延迟指的都是速度,但即时性是包含整个交易过程的一般属性,而延迟的定义更狭窄,它通常是以从交易中心计算机收到订单到从该计算机发送响应消息所经过的时间(以毫秒或微秒为单位)来衡量的。延迟是市场技术的一个属性。

二、被动还是主动

购买、出售还是持有证券?这个问题属于资产配置或者风险管理领域。但是投资者一旦作出决定,就转向交易执行的问题。具体来讲,当投资者进入市场并进行交易的时候,是接受目前最好的可用价格,还是自己定价并等待一个他认为合适的价格的交易对手到来?

我们从假设有一只股票和一个方向(direction)开始,方向是买入或者卖出的简称,为了理解更方便,我们假设为买入。进入市场的买方可以通过接受卖价立即进行交易;买方也可以提出自己的买价,等待愿意接受其买价的卖方进行交易。假设市场买价为100美元,卖价为101美元。买方可以通过支付101美元立即购买到股票,也就是说接受卖方的价格。买方也可以出价100.25美元,如果有合适的卖家出现,他们的交易就会以100.25美元成交。

提出买价还是接受卖价是一种选择:接受其他人的卖价,交易立即执行,或者提出(较低的)买价,希望以更好的价格成交。但是,买价也有永远不会出现合适卖家的风险。市场可能会走高,买家可能会发现自己只能"追"着股票价格,最后以高于最初价格的买价买入。买家如果决定买入,那么买家下单,这通常通过经纪商传达到市场。所有订单表明方向和数量。在大多数情况下,每个指令都有一个价格限制,例如,"购买100股,限价102美元",也就是说,每股支付不超过102美元。有价格限制的订单通常称为限价订单(limit order)。如果下单时市场询价是101美元,那么卖家就认为下单是有市场的,并且以101美元立即成交。而市场订单是在没有价格限制的情况下传达的。对于买入指令,它表示"我将支付市场买价,不管买价可能有多高"。如果市场卖价为101美元,那么发出市场购买指令的买方预计将支付101美元。但价格可能会迅速发生变化,如果订单到达市场时,卖价为110美元,买家就将支付110美元。在这种情况下,假设买方下了价格为102美元的限价单,并预计买入价格为101美元,但是如果订单到达市场时报价为110美元,那么订单将不会被执行。由于市场订单有时可能导致糟糕的结果,因此一些市场不接受这种类型的订单。对于卖出过程中的订单(如限价卖出订单或者市场订单),上述过程也是适用的。

无论是接受卖价还是提出买价,往往都涉及风险与回报之间的权衡。想要买入股票的投资者可以通过支付卖价立即交易。但如果使用限价购买指令(低于要约价格的买价),那么股票可能会以更低的价格成交。它的风险在于卖价可能不被接受,那么相应的股票也就不能成交。这种执行失败的后果可能是微不足道的(如果交易者对于拥有股票的意愿并不强烈),

但如果买入股票（有投资或对冲目的）的愿望很强烈，后果就可能是严重的。另外，限价订单通常需要等待愿意接受它的价格的订单的到来。同时，延迟也可能带来风险，因为股票价格在不断变化。

第二节 分割与集中的市场结构

市场可以通过法律或既定惯例，将所有股票交易合并在一个交易所进行。以前，这意味着所有交易都发生在一个实际存在的交易大厅（trading floor）里。而在今天，"合并"通常是指所有交易都发生在一个计算机系统里，这个系统通常就是一个合并后的限价订单簿（consolidated/centralized limit order book，简称 CLOB）。如今，大多数监管机构都不愿让一家交易所垄断交易，因此市场上更易出现多家交易所同时存在的局面，这样的市场结构称作"分割"（fragmented）市场。通过设置多个限价订单簿，可以简单地构建一个分割市场。如果市场中存在其他（非限价订单）交易机制，则该市场称作"混合"（hybrid）市场。美国股票市场是分割的市场结构，而中国股票市场则是集中的市场结构。

一、分割的美国交易场所

股票市场诞生之初，在美国某个交易所上市某只股票，那么这个交易所就近乎拥有这只股票的独家交易权。例如，如果一只股票在纽约证券交易所上市，那么几乎所有和这只股票相关的交易都会在纽约证券交易所进行。如今，一只股票可以在多地进行交易。鉴于并非所有交易地点都是交易所，本书将这些地点称作"交易场所"或者"市场中心"（在美国的监管体系下）。交易场所因费率结构和交易协定的不同而不同。

美国有很多交易场所，而且竞争非常激烈。对于所有上市公司股票而言，最大的交易场所就是"NASD ADF"。"ADF"代表"另类交易系统"（alternative display facility），该系统为交易所的交易提供了报告交易状况的渠道，涵盖了很多以不同方式进行的交易。大多数人认为，ADF 之所以能报告那么大的交易量，主要是暗池（dark pools）交易的贡献。暗池交易也受监管,但与大多数交易场所相比,暗池交易的透明度较低(很难观察到交易过程的细节和市场的状况),美国大约有 50 个这样的暗池。

二、分割市场的价格形成

投资者在应对分割市场时面临巨大的挑战,因为不同的市场可能有不同的价格。在某一时刻,谁的买价最高? 谁的卖价最低? 如果投资者想要挂出自己的买价或者卖价,在哪里挂单最好? 如果有人看到他挂出的价格,可以在哪里发出指令与他进行交易?

2005 年前后,美国采用了一套全面的规则即《全国市场系统规则》(regulation for national market system,简称 Reg NMS)来管理美国股票市场的交易。这套规则以一种"虚拟整合"的方式将不同的市场连接起来。

按照 Reg NMS 的规定,任何交易可能发生的地点或系统都称为市场中心。虽然不同的市场中心经常交易相同的证券,但是可以根据交易的规则、程序或费率结构将它们区分开来。这些中心通过市场信息系统(market information systems)和申报系统(access systems)相互连接。市场信息系统从市场中心向用户传递最近一次的交易报告、当前报价和其他信息。申报系统则相反,它负责将用户的订单传送到市场中心。对于在纽约证券交易所和美国证券交易所上市的证券,最重要的市场信息系统是综合交易系统(consolidated trade system,简称 CTS)和综合报价系统(consolidated quote system,简称 CQS)。CTS 负责整合交易结果报告(无论此项交易在何处进行),CQS 负责整合且公布每个市场中心的最佳买价和卖价(best bid and offer,简称 BBO)。在纳斯达克上市的股票也有类似独立的系统。

在所有价格数据中,人们最感兴趣的是某一给定时刻下的全市场最高买价(national best bid)和最低卖价(national best offer)。全国最佳报价(national best bid and offer,简称 NBBO)是经纪人和交易员重要的参考基准。市场信息系统是单向的,投资者并不能通过市场信息系统发出指令用 NBBO 进行交易,也无法通过其得知本次挂单的结果。为了实现这些功能,投资者需要借助申报系统。申报系统将经纪人与市场中心连接起来,并使市场中心相互连接。

三、优先原则的障碍

单个限价订单簿中的优先原则非常明确：价格、可见性和时间。但是，当存在多个交易所和多个限价订单簿时，优先原则如何在多重市场中发挥作用？最为重要的一点是，因为没有一个协调机制来统一整合每个订单簿，所以实际上并没有一个可以将价格、时间和可见性都整合好的大订单簿，而单个订单簿的优先原则并不适用于所有市场。

以下几种情况很可能发生：(1) 违反可见优先原则。例如，即使交易所 B 仍有一定数量的可见订单出价 100 美元，一个同样出价 100 美元的不可见订单也可能会在交易所 A 执行。(2) 违反时间优先原则。例如，一个出价 100 美元且在上午 10:00 进入交易所 A 的买入指令可能比一个出价 100 美元且在上午 9:30 进入交易所 B 的买入指令先执行。(3) 违反价格优先原则。例如，交易所 A 出价 100 美元的买入指令有可能和交易所 B 出价 101 美元的买入指令同时执行。

在单个订单簿中，价格较为激进的、先进入市场的、可见的订单总是会被优先执行，这就激励投资者们快速挂出可见的激进限价订单。但如果这些优先原则在多重市场中被违背，投资者们受到的激励程度就会降低。

上述违反价格优先原则进行的交易被称为"穿价交易"（trade through）。例如，当有订单在交易所 A 以价格 100 美元执行时，在交易所 B 出价 101 美元买入的交易就被称为穿价交易。交易所 A 的卖方处于不利地位，因为他最终以 100 美元卖出，而他本可以以 101 美元卖出。交易所 B 的买方处于不利地位，因为他被剥夺了可以优先执行的权利，只有交易所 B 的卖方从中获益。

四、订单保护和 Reg NMS

根据 Reg NMS，美国市场对穿价交易有一定的预防措施，但只适用于市场中心的 BBO，即市场中心可见订单簿的最优价格。假设交易所 A 和交易所 B 订单簿中的买方订单如表 2-1 所示。

表 2-1　交易所 A 和交易所 B 订单簿中的买方订单

交易所 A 的买方订单	交易所 B 的买方订单
100 股,102 美元	100 股,102 美元
100 股,100 美元	100 股,101 美元

如果一个投资者向交易所 B 发出一个指令,即"卖出 200 股,限价 101 美元",交易所 B 依据其订单簿上的最高买价(102 美元)卖出 100 股,剩下的 100 股如果接着以 101 美元成交,就会构成对交易所 A 最优买价的穿价交易。

Reg NMS 要求,市场中心应防止穿价交易的出现。如果一个订单(或者部分订单)即将导致穿价交易的发生,那么这个订单就必须传送到能够提供更优价格的交易所。在上面的例子中,交易所 B 需要将订单中剩余的 100 股传送到交易所 A,以便以更优价格 102 美元成交。

一个要卖 300 股的交易者可能会挂两个订单:(1)"卖出 100 股,限价 100 美元",挂在交易所 B;(2)"卖出 200 股,限价 100 美元",挂在交易所 A。挂在交易所 B 的订单以 102 美元执行;挂在交易所 A 的订单将执行两次:以 102 美元卖出 100 股,另以 100 美元卖出 100 股。在交易所 A 的第二次交易并不会被阻止,因为交易所 B 中买价 101 美元的订单(在被执行的瞬间)并不在交易所 B 的订单簿的"顶端"(the top of B's book),即这并不是交易所 B 的最优买价。因此,交易所 B 买价 101 美元的订单并不受保护。

卖方为什么一开始不把 200 股挂到交易所 B？ 如果这样操作,最后 100 股可以卖个更好的价格。这里我们提供几种可能的解释:(1)卖方可能不知道交易所 B 最优买价之外其他的买价;(2)卖方可能主要关心的是速度(即能够快速执行订单),并且认为在交易所 A 交易会更快(延时更短)。可见,速度变得更为重要。

怎样才能让交易所 A 知道投资者想让这 200 股的订单在交易所 A 的订单簿上以多个价格成交(walk through its book)呢？可以先查看交易所 B 的买价,但这势必会使订单被延迟执行,这也许并不是投资者想要的结果。

在这种情况下，Reg NMS 为投资者提供了一种避免穿价交易的方法。在本例中，这个投资者可以指定每个订单都进行"跨市场扫描"（intermarket sweep），这就提醒交易所 A，该投资者接下来是要和交易所 B 的最优价格进行交易。使用扫描订单（intermarket sweep order，简称 ISO）的投资者需要向每个市场中心都发送一个订单，保证能够以每家交易所的最优可见价格执行可见的订单量，而且每一个订单都必须指定为扫描订单。

五、集中的中国交易场所

在中国市场，无论是股票、期货还是期权，每个交易产品都只能在唯一的交易场所交易，不能在不同的交易场所之间交易。所以从这个意义而言，中国市场是集中的市场结构，具体包括上海证券交易所、深圳证券交易所、大连商品交易所、郑州商品交易所、上海期货交易所和中国金融期货交易所共六家独立集中的交易场所。

思考题

1. 流动性是什么？怎样为市场提供流动性？
2. 分割市场和集中市场有什么区别？

视频资源

流动性

第三章 市场交易的参与者

本章以美国股票市场为例，对市场交易的参与者进行说明，这些参与者的分类在全球其他市场也是相似的。

第一节 交 易 所

交易所（exchange）通常由交易场地、连接市场的软件或者交易中介等交易设施构成。交易所将交易过程规范化。当我们提到一只股票是在交易所交易时，意思是这只股票的交易过程是结构化、标准化并且受到监管的。现代交易所提供了一系列复杂多样且令人眼花缭乱的金融产品和服务。但它们的大部分活动和价值都来自三个方面：上市（listing）、交易（trading）和数据（data）。简单来讲：

（1）当一个公司在一个交易所挂牌上市时，这家交易所提供的是一种服务。该公司支付上市费，该交易所监管并且认证公司财务报表和公司治理程序。

（2）交易服务和设施，包括计算机系统、标准化交易程序以及对交易过程一定程度的监督管理。

（3）交易产生市场数据，如交易报告、报价变化等。这些数据对于市场参与者来说非常有价值，出售这些数据会产生巨大的收入。

一个公司通常只在一个交易所上市，或者至少指定一个场所作为主要交易场所。美国最重要的上市场所是纽约证券交易所、纽约交易所高增长板、美国证券交易所和纳斯达克证券交易所。我们可以通过上市费用和上市要求，也可以通过公众形象、投资者对上市公司类型的看法以及其他方面将这些交易场所区分开来。

例如，纽约证券交易所具有最高的收费标准和最严格的上市标准。它曾是美国历史上占据主导地位的证券交易所,且有规模最大、历史最悠久的工业和金融企业的"蓝筹股"公司。在纽约证券交易所上市的公司需要同时具备足够的资历以及稳定性。而在纳斯达克证券交易所上市的公司往往更年轻、规模更小,而且更专注于技术领域,具有创业特质与成长色彩。

直到 20 世纪末,交易所一直是会员拥有的合作社。成员大多是经纪人和交易员,合作社是作为非营利公司组织起来的。会员资格(有时也称为"席位")可以转让、继承、买卖。会员权利包括交易所的部分所有权加上交易权利和特权。从 1990 年开始,交易所开始改组为营利性公司,公开交易股票。在这种新形式下,所有权和交易权分离。这表示拥有交易所的股份并不被授予交易特权,并且投资者可以不拥有任何交易所的股份就进行交易。如今,虽然证券交易所大多仍然说自己是独立运作的,但很多交易所都是大型控股公司所有,而且名称和所有权也发生了很多变化。

第二节 经 纪 商

投资者不能仅仅通过访问交易所的网站,只提供一个信用卡卡号就进行交易。受法律和实践的影响,交易所需要验证投资者的身份、能力和权利的实质性关系,因此大多数客户都通过某个经纪商的账户间接建立这种关系。经纪商向投资者传递信息或者代表他们在市场中下单,并以这种身份提供与交易直接相关的服务,包括保管所购证券、现金贷款(用于保证金)、证券贷款(用于卖空)、记录保存和纳税申报等。

经纪商代表客户下订单的过程可能与直接传达客户指令一样简单,例如,"购买 100 股微软股票"。不过,这种交易权利的转让通常需要经纪商作出某些决定和决策。在更为复杂的层面上,经纪商可能会被投资者当成交易的工具。然而,不管复杂程度如何,经纪商仍然代表投资者,充当着代理人的角色。主要的经纪商为大型投资者和机构投资者提供与交易相关的服务。还有一些较小的经纪商专注于提供与交易相关的服务,他们有时被称为"折扣"或"在线"经纪商,以及提供投资管理和咨询的"全面服务"经纪商。

第三节 投　资　者

交易源于不同的投资目标、风险敞口和对证券价值的期望。在任何证券价格下，对于投资目标、风险敞口和证券价值的期望相同的投资者，都会按照相同的方向（买入或卖出）进行交易，而交易是既需要买方又需要卖方的。但买卖双方或者潜在的买卖双方可能在许多方面存在不同。

一、投资期限

我们有时会根据投资期限长短对投资者进行分类。

长期投资者通常包括捐赠基金以及为了退休养老或子女教育而储蓄的个人，他们的投资期限比商业周期长。大多数长期投资者从一个指数化的投资组合开始投资，这种情况下，投资指数型共同基金或交易型开放式指数基金是最简单的。但是由于个人特定的风险敞口或者对一个公司是否正确估值的看法不同，投资者可能会偏离这个投资组合。风险敞口或者估值理念的变化将促使这些投资者重新审视他们的投资组合，并且可能由此形成交易，而交易需求可以分散在几天、几周或几个月内进行。市场中，这些投资者数量最多，并且持有的资产价值最高。然而，他们的换手率很低，交易量也不大。

中期投资者的持股周期与商业周期（3—5年）大致相同。这些投资者常常从证券的相对估值变化中获利。投资组合的权重通常会随着商业周期的变化而变化，并且这些投资者的投资策略有时会被描述为策略型资产配置（tactical asset allocation）。策略型资产配置可能基于国家、行业、公司的基本面或市场驱动的技术性指标。对于公司而言，基本面信息包括收入、利润等，这些数据与公司的业务活动直接相关；对于国家而言，基本面信息包括消费、投资以及与实体经济活动相关的其他指标。技术性指标通常是市场价格和交易量的统计数据，例如，一个反映近期股价的平均水平的指标。

短线投资者的持有期从几秒钟、几分钟到几个月不等，每个短线投资者都是不一样的。例如，新闻投资者常在公开发布新闻之后进行短线投资。

二、交易动机

我们也可以按照交易动机对交易者进行分类。市场上的投资者有很多合理的交易动机，但是最重要的是关于证券内在价值的信息，我们称之为信息交易动机。如果交易对手有更进一步的信息（如非法"内部人"的信息），那么投资者就很有可能遭受损失。信息交易者通常需要快速（在信息完全公开之前）并且在暗地里（为了避免被发现）交易。信息对于交易过程具有深远影响，非信息交易动机包括套期保值（hedging）、流动性（liquidity）和投机。

套期保值交易旨在降低风险。例如，由于股票和期权的发放，高层管理人员的个人财富往往更集中于单一公司（即他们自己所在的公司）的股票而不是谨慎的多样化投资，出售部分股票的期货将降低他们的总体风险。此外，股票指数基金（ETF）典型的套利方式是买入股票，再卖出等值的 ETF。

流动性交易动机源于意外的现金流出或流入。例如，共同基金管理下的资产随着投资者在基金中的投资或撤资的股份的变化而变化。无论什么时候，这些波动都不可能完全抵消，因此该基金必须进行交易。

有时，人们把金融市场比喻为"赌场"，但也有很多反对这种说法的理论。从长期来看，金融市场并不是一个零和博弈（zero-sum game）（因为在零和博弈中，每一个赢家对应着一个输家）。金融市场在不同时间、不同用途的资本配置和风险管理方面发挥着重要的作用。这些作用可以创造价值，而不仅仅局限于财富的再分配。

投机并不完全是"理性"投资和对冲的对立面。一个投资者可能在详尽分析的基础上购买一只股票，但是仍然会在购买的那一刻感到兴奋。这类似于购买彩票、预测赛马或者体育赛事的结果。用约翰·梅纳德·凯恩斯的话来说，对于完全不受赌博本能约束的人而言，职业投资这种游戏是无聊透顶的,而且是过于苛刻的;同时,对于有这种赌博本能的人而言,他们又必须付出适当的代价。

 思考题

1. 经纪商的主要职能有哪些?
2. 投资者的交易动机是什么?影响他的因素有哪些?

 视频资源

市场参与者

第二部分
高频交易的发展与监管

第四章　高频交易的诞生与发展

在中国市场,高频交易①已经成为监管机构、学术界和金融实务界广泛争议的话题,各方态度褒贬不一。对于高频交易究竟是否有益于市场发展,是否真的会为市场提供流动性,是否会造成新的市场不公平这几个关键问题,各界缺乏统一认识。本章通过回顾美国市场高频交易的发展历史,并结合中国市场的本土特点,从理论研究的视角回答上述对市场发展有着重大影响的基础性问题。

第一节　美国市场高频交易的发展历史

在美国市场,高频交易的诞生与发展并不仅仅是技术进步带来的,更多是交易规则与交易制度变革的产物。

一、传统做市商在促成交易过程中赚取了巨额利润

自从证券市场诞生以来,交易场所就自发地向着更有效率的方向演变。证券市场诞生初期,买卖双方直接交易。17世纪前后,买卖双方在欧洲的大街上用现金直接交易证券(早期的场外市场②,也称"路边市场")。

随着交易品种和数量的增加,为提高效率,证券市场逐步形成了以集

---

①　本书主要关注高频交易。高频交易是程序化交易的一种,程序化交易又是电子交易的一种。电子交易是与人工交易相对应的概念。高频交易有如下四个方面的特征:一是通过算法程序进行决策、生成委托单、执行成交程序等;二是延时很短,目的在于最小化反应时间;三是指令进入系统的速度快,高速连接市场;四是信息量大,即不断有报单和撤单的交易行为。程序化交易是指将设计人员交易策略的逻辑与参数在电脑上运行后使其系统化,强调的是决策环节的自动化。电子交易泛指由计算机完成交易撮合。

②　场内市场通常是指以集中竞价、电子撮合、匿名交易、做市商等集中交易方式进行标准化合约交易的市场,可以简单理解为所有买者与所有卖者集中撮合成交的市场。场外市场主要是指买者与卖者一一撮合成交的市场,参与者相对场内市场更为专业,多为专业性金融机构与风险承受能力较高的大型实体企业。

中的交易场所与一批专业的做市商①为代表的组织形式,买卖双方不再直接交易。如在纽约证券交易所(简称纽交所),做市商被称为特许经纪人;在纳斯达克,做市商也被称为经销商。但无论称呼如何,一个不争的事实是:这些促成交易的做市商们在当时垄断了市场交易,所有投资者(包括沃伦·巴菲特等大客户)都要依赖这些做市商代表自己买卖股票,此时的买卖双方不再直接接触,做市商是市场运行的"润滑剂"和"通道"。

做市商以"买卖价差"②为生,正常的"买卖价差"是做市商的劳务所得,但不当的"买卖价差"会损害投资者的利益,只是鲜有投资者关注或公开反对这种交易机制,此时交易所与做市商俨然成为一个不可分割的利益团体。1994年,美国两位金融学教授所作的一项基于纳斯达克股票交易数据的研究发现,纳斯达克做市商在实际交易中人为将买卖价差从1/8美元扩大到1/4美元,甚至是1/2美元。正如一场起价100美元的拍卖,拍卖商强制要求每一位竞价者每次加价不能少于25美元甚至50美元。这是做市商对投资者赤裸裸的"偷窃"行为,在交易所长期以来的默许下,做市商将人为扩大的这部分"买卖价差"悄悄转成了数以亿计的不义之财。

二、高频交易致力于改变不合理的传统做市商交易机制

20世纪90年代,随着计算机技术的飞速发展,一群精通IT技术的高频交易先驱者开始推动交易机制的改革。他们立志消灭做市商,让投资者

---

① 做市商(market maker)是指在证券市场上,由具备一定实力和信誉的证券经营法人作为特许交易商,不断地向公众投资者报出某些特定证券的买卖价格(即双向报价),并在该价位上接受公众投资者的买卖要求,以其自有资金和证券与投资者进行证券交易。做市商通过这种不断买卖的方式来维持市场的流动性,满足公众投资者的投资需求。经纪商是指接受客户委托,代客买卖证券并以此收取佣金的中间人。经纪商是指以代理人的身份从事证券交易,与客户是委托代理关系。证券经纪商必须遵照客户发出的委托指令进行证券买卖,并尽可能以最有利的价格使委托指令得以执行;但证券经纪商并不承担交易中的价格风险。简单来说,交易撮合分成三种形式:一是买者与卖者直接达成交易;二是经纪商帮助买者找到卖者达成交易,类似房地产中介;三是做市商从买者手中购买后再卖给卖者,类似中间商。

② 作为帮助客户进行交易的报酬,做市商间接收取一项叫做"买卖价差"的费用,即他们买入和卖出股票时价格的差额。形象地说,一个汽车经销商以10万元的价格买进一辆汽车,并以11万元的价格将之出售给客户,获得1万元收益。这里的经销商就类似做市商,他所获得的1万元收入便是"买卖价差"。

能够在市场上实现直接交易,高频交易由此诞生。

1. 计算机技术的发展使得高频交易改变做市商交易机制成为可能

1987年美国股灾后的交易机制变革使高频交易初具雏形。1987年10月19日是美国证券史上最黑暗的一天,股价如跳水般下跌。焦虑的投资者急于抛售手中的股票,然而交易所的电话却始终无法接通。此刻,做市商正在忙于优先处理自有股票以及所谓的"重要投资者"的股票,而将普通投资者的订单搁置一旁。这种行为无疑将普通投资者置于水深火热之中。此次事件后,为平息市场上普通投资者的怒火,纳斯达克强制实行了SOES系统(small order execution system),允许经纪商通过电脑系统直接将小投资者的指令传递给做市商,而所有做市商都必须对其进行处理。此举为高频交易者打开了一扇通往新世界的大门,成为高频交易的雏形。

通过连接纳斯达克行情终端软件的电脑,投资者能够追踪做市商对任一股票设定的报价,并实时跟踪这些指标的变化。当股票价格发生微小的变动(如微软公司股票的市场卖价从50美元/股涨到50.5美元/股,或者市场买价从49.75美元/股涨到50.25美元/股)且做市商还未意识到时,投资者便可以看准时机"发起攻击",利用SOES系统迅速从一个做市商处以50美元/股的价格买入1000股,并立刻以50.25美元/股的价格转手卖出,轻松赚取250美元的利润。

计算机技术的发展加速了"计算机驱动市场的趋势"。1990年,一个名为"守望者"(The Watcher)的自动股票组合管理系统被开发出来,它通过展示股票买盘与卖盘的价格变动趋势,赋予交易员预测股票涨跌方向的能力。部分交易员开始舍弃向迟钝缓慢的行情终端手工发送订单的交易方式,转而在这一新交易平台上通过键盘快捷键快速买卖证券,由于他们比市场上的其他人看得更快更远,因此赚取了大量利润。6年后(1996年2月),"守望者"系统上又产生了一个全新的电子交易系统——"岛屿"公司(The Island)交易平台,该系统直接绕过做市商,以极快的速度与廉价的成本自行匹配交易,最后才将这个交易报告报给纳斯达克(当时纽交所因制度原因禁止了此类交易形式),这一系统大大提高了证券交易的效率。

"守望者"系统和"岛屿"公司交易平台都相当于抛开了纽交所和纳斯

达克，自己新建了一个交易场所。可见，美国证券市场的运作结构不断朝着满足机器需求的方向发展，人工做市商在这种趋势中被逐渐淘汰。

2. 高频交易通过缩小买卖价差的方式淘汰了传统做市商

美国股票市场通过缩小报价单位的改革最终淘汰了传统做市商。1997 年 3 月，一名国会议员首次提出使用美分（小数）而非分数作为报价单位。此时，证券市场的最小报价区间已经缩小至 1/16 美元（6.25 美分），如果以美分作为报价单位（即报价区间缩小为 1 美分），做市商的利润就会被成倍压缩。大型交易所的做市商当然不会轻易接受这一改变，因此联合进行抵制，导致这一议案被无限期搁置。

然而，这并不能改变高频交易先驱者推动市场结构改革的决心。2000 年 7 月，电子交易所的先驱"岛屿"公司宣布：在其所属平台上以美分（小数）为报价单位进行交易。在此后的几个月中，该交易平台上有超过 10% 的报价以美分为单位。这一实际行动给整个美国证券界带来巨大的压力，一年内，全美股票市场开始进行以美分为报价单位的改革，买卖价差急剧缩小。交易员在报价上不断竞争，他们通过不间断且快速压缩买卖价差来吸引投资者，如某一个做市商刚给出 20.1 美元/股的买价与 20.2 美元/股的卖价，另一个做市商就会给出 20.11 美元/股的买价与 20.19 美元/股的卖价。买卖价差在做市商的"搏斗"中不断缩小，直到有做市商报出 20.15 美元/股的买价与 20.16 美元/股的卖价。虽然这一过程对于人工做市商来说可能较为复杂，但对计算机来说却非常简单。

上述变化的后果是：人工做市商被淘汰，且随着普通投资者参与市场的门槛降低，市场变得更为公开。

三、高频交易在解决之前传统做市商市场不公平的同时，也带来新的交易机制问题

尽管高频交易替代传统做市商势必会带来交易成本的降低，但高频交易自身策略会带来新的交易机制问题与交易风险。

1. 每个价格上的报价单量稀少以及高频交易相比部分机构投资者的信息劣势，促使"做市商制造机制"诞生①

尽管高频交易解决了之前部分做市商市场中的不公平问题，提高了市场效率，但以高频交易为主的交易场所却面临两个难以解决的问题。

其一，虽然"买卖价差"确实缩小了，但高频交易的交易特点使得每个价格上的报价单量都十分零散且稀少，这些报价单实在难以支撑起整个市场。尤其是对于大的机构投资者而言，即使其有心进入以高频交易为主的交易场所，也很难做成一笔大单。为此，交易平台为如何在每个价格上引入更多的报价单从而吸引大机构投资者绞尽脑汁。

其二，高频交易为机构投资者做市存在很大风险。尽管交易平台上的高频做市商拥有比普通投资者更充分的信息，但这种优势在一些经验丰富的机构投资者面前无法发挥作用。例如，在遭遇如沃伦·巴菲特这样的佼佼者时，高频做市商掌握的信息远不如沃伦·巴菲特全面，所以高频做市商本身也不愿意为这类投资者真正发挥做市功能。

面对上述两大难题，1998年，"岛屿"公司想到了一个绝妙的主意，提出"做市商制造机制"（maker-taker），即为能给交易平台提供大额报价单的投资者提供佣金返还（以下简称返佣）。此举使得投资者有动力为以高频交易为主的交易平台提供巨量报价单，而这些报价单的进入会大大提高平台的流动性。流动性的上升使得符合投资者心理价位与数量的报价单增加，可能发生的交易增多，成交量疯狂上升，交易平台获得的总交易佣金也相应上升。

2. "做市商制造机制"使得高频交易提供的流动性有时不再真实

与学术界普遍认为的高频交易为市场提供真实流动性的观点恰恰相反，现实中这种流动性与成交量对于投资者来说有时没有意义。此时，高频交易提供的流动性并非真正流向市场，而是如"做市商制造机制"这一名

---

① 何为"做市商制造机制"？以面包店为例，某顾客想要购买一个标价为1美元的面包，但只想支付0.95美元。面包店老板为了锻炼售货员，承诺其每卖出一个面包就可以得到1美元的奖励。此时，售货员会毫不犹豫地将这个面包以0.95美元的价格卖给顾客。在这笔交易中，顾客享受到了"降价成交"的好处，而售货员则享受到了"执行交易"的好处。暂且不论面包店老板可能遭受的损失，这笔交易的交易双方都获得了好处。

称一样,是为追逐利润而被制造出来的一个幻影。

2002年,在世界通信公司(WorldCom)由于财务造假而宣告破产前夕,高频交易员如秃鹫遇到腐肉般蜂拥而上,为这家公司创造了巨量的买单和卖单,这些买单和卖单为其提供了巨大的流动性。一时间,该公司每天的成交量与换手率惊人。对于高频交易者而言,这种交易使其获利颇丰。究其原因在于,在返佣政策下,高频交易者只需要提供交易所规定的流动性(学术界定义的流动性也是如此),而不用深究公司的基本面价值就可以抓住绝好的赚钱机会。但这样的流动性并不是市场所需要的,没有任何实际意义,因为投资者们不会争先恐后购买一家即将破产公司的股票。

伴随计算机运算速度的加快与交易平台竞争的白热化,高频交易者不执行交易而仅仅"制造"一笔交易,就能取得返佣。于是,高频交易者每天就像变戏法一般进行着上亿的交易,他们看准目标公司,在其他公司买入前,抢先买入以赚取返佣,然后快速在其他公司卖出前卖出,再次赚取返佣;或者直接利用其计算机速度优势,在订单簿上挂一个大单后又快速撤离,如此反复操作以赚取返佣。普通投资者只能眼睁睁地看着这些报价单在屏幕上如魔法般出现,真正想交易时却发现报价单凭空消失。

在这种扭曲的模式下,市场中许多"为交易而交易"的高频交易公司与高频交易者成长起来。第二次世界大战结束后的50年间,全球市场投资者投资一只股票的平均持有期是4年;到2000年,变成了8个月;到2008年,变成了2个月;到2011年,变成了21秒。一位高频交易公司创始人自豪地宣称,他的公司股票平均持有期为11秒。在美国,股票市场已经有70%的交易量来自高频交易。但是,极具讽刺意味的是,一直恪守"消灭做市商"信条的高频交易先驱们,在发明了"做市商制造机制"并让其主导市场后,亲手制造了新的更具有攻击性的做市商——高频做市商。

第二节 高频交易的功过是非

中国市场与美国市场最大的不同是市场结构。在美国,有30多个相互竞争的交易场所,一只股票可以在全美市场自由买卖,例如,投资者在纽交所买入的一只股票可以在纳斯达克卖出,由此形成了分割的市场结构。在中国,虽然也有上海与深圳两个股票交易所,但投资者在深圳证券交易所买入的股票只能在深圳证券交易所卖出,而不能在上海证券交易所卖出,所以从股票交易过程完整性的角度而言,中国市场并不是分割的结构。

高频交易在美国市场最大的功能就是连接了分割的市场结构,具体体现为:其一,高频交易革新了整个市场,淘汰了低效率的人工做市商,结束了大型交易所垄断市场的无序状态,使得各个不同的分割市场得以结合。这种情况不仅仅出现在美国,全球的市场都得益于以高频交易技术为代表的交易系统,使得跨区域甚至跨国界快速买卖证券成为可能。其二,高频交易完善了资产价格反馈机制。得益于高频交易,多个分割市场能够结合在一起,市场能够更有效、更容易形成公平交易的价格;而一旦价格偏离正常水平,高频交易者们也会立刻出现,使得价格快速回到合理区间。

但是,高频交易有时也会违背公平原则,损害其他低频投资者的利益。因为高频交易的部分策略是通过利用传统交易所或电子交易平台提供的特殊指令类型或特定服务来获取利润,"穿梭"于传统投资者的交易指令间隙,属于"寄生"于传统交易市场之中的交易模式。

随着中国市场的逐步开放,高频交易或将成为中国投资者的一项重要交易策略。由于国内并不存在分割的市场结构,做市商交易制度才刚刚起步,高频交易在国内的策略主要是类做市策略、方向性策略和套利策略。类做市策略只是用了做市的方法,并没有真正做市;方向性策略是一种投机性质的交易模式,这两类策略往往没有基于基本面信息,只是通过分析市场其他投资者的订单获取利润。套利策略则有利于市场找到真实价格,有益于市场发展。因此,中国市场的管理者应总结相关经验,未雨绸缪。

一是要全面认识高频交易对市场的影响。目前,社会各界对于高频交易的影响并没有形成统一的意见。一方面,高频交易通过缩短交易时间、降低交易成本等途径提高了市场运行的效率,它作为流动性的提供者对市场的形成和交易的达成起了基础性作用;另一方面,如果对高频交易缺乏适当的约束,高频交易所提供的流动性可能将不再真实,而高频交易的"寄生"性质也有违公平原则,损害了其他投资者的利益。总的来说,高频交易有利有弊,中国市场的管理者只有全面认识其功能和作用,才能真正发挥这一交易模式的最大作用,同时减少其可能带来的危害。

二是关注高频交易发展过程中的市场公平问题。虽然高频交易的初衷是为了打破人工做市商的垄断格局,使市场信息更为充分地传播,使投资者得以直接自主交易。但追根究底,高频交易得以繁荣的原因是其拥有追逐利益的特性。中国市场的管理者需要格外注意,因为高频交易极有可能被过度使用,若没有健全的法律法规和完善的监管制度,市场的公正性很难保证。

三是观察放开发展高频交易的现实需求。长期来看,高频交易的发展是大势所趋;然而,中国和美国等国家不同,中国的证券交易所并不存在独立分割的情况,股票市场、期货市场、期权市场的做市商机制也才刚刚起步,这使得高频交易最有益的作用——连接市场、替代传统做市商、提高效率的功能较难发挥。

思考题

1. 高频交易与做市商之间是什么关系?
2. 在市场发展过程中,高频交易的功与过分别是什么?

视频资源

1. 高频交易诞生的原因1:替代传统做市商
2. 高频交易诞生的原因2:连接分割的市场结构
3. 高频交易的问题1:虚幻流动性
4. 高频交易的问题2:市场公平

第五章　高频交易的学术研究

经过近二十年的发展，高频交易已经成为海外市场最主流的交易模式，然而学术界对其认识却从初期的一致赞誉演变成如今的众说纷纭，因此，本章旨在梳理高频交易的发展脉络和人类对于高频交易的认知过程。首先，就理论研究而言，高频交易的复杂性在于如何处理信息与价格的关系、信息的构成结构、信息效率与做市效率的权衡这三个关键性问题。其次，就实证研究而言，检验的核心始终是高频交易与市场流动性、市场稳定性和市场效率的关系，但争论之处在于有关上述关系的结论在区分正常与震荡市场、真实与虚幻流动性、信息与做市效率之后大相径庭。最后，当高频交易的交易量占比最大之后，其与散户投资者、机构投资者、分析师甚至高频交易内部之间产生了诸多利益冲突。综上所述，本章认为高频交易对监管机构制定规则最大的挑战是如何处理好信息效率与做市效率之间的权衡。

第一节　从理论视角理解高频交易

高频交易的出现使得市场中信息与价格的关系需要重新理解和再次定义，传统的、偏静态的理论阐释不再适用。具体体现在：第一，高频交易更多支持信息与价格之间的关系是动态变化、过程性的理论；第二，高频交易使得学者对订单簿信息有了新的认识，认为其与基本面信息具有同等重要的地位；第三，高频交易速度过快为市场效率带来了新的挑战，需要在信息效率和做市效率之间进行权衡。

一、信息与价格关系的再理解

有关市场中信息与价格关系的理论，主要有以下两种：

第一种是目前主流的有效市场假说（efficient markets hypothesis，简称EMH），即市场中的价格将保持在一个静态的供需均衡点，当价格偏离该均衡点时，"看不见的手"（市场的自动调节机制）将会发挥作用，市场参与者会立即进行套利，从而使价格重新回到均衡点，因此，市场中的一切信息都会被及时、准确、充分地反映在价格中（Fama，1965）。

第二种理论则认为信息与价格之间的关系是动态变化、过程性的，如信息与价格之间存在双向机制，信息会影响价格的形成，反之价格也会传递信息，因此二者之间的关系是动态演进的，市场中的价格会不断趋向于并不存在的一个所谓均衡价格，上述关系背后的原因归根于人类认知的局限性。

从近二十年的市场实践看，高频交易否定了传统的有效市场假说，认为市场中并不存在静态的均衡价格，价格应是动态变化的。在市场中，所有交易都是在交易价格不断逼近该理论价格的过程中，寻找合适的机会进行。因此，高频交易的实践彻底颠覆了传统金融学中的静态均衡价格理论，转而支持更加古老的、以哈耶克为代表的动态价格形成过程的经济学理论。

二、信息构成的重新分类

针对高频交易带来的新变化，Yang 等（2020）引入了订单簿信息的概念，并对信息重新进行分类：一类是基本面信息，另一类为订单簿信息。然而，在传统的有效市场假说的框架下（Fama，1965；1970），订单簿信息属于基于投资者过去订单的历史信息，其重要性远远低于公开信息和内部信息，即便在弱式有效市场中，订单簿信息对投资者而言也是没有预测力的。

有趣的是，高频交易绝大部分策略的数据来源是订单簿信息，且实现了极高的预测准确性，这就对传统市场理论提出了巨大挑战。Yang 等（2020）建立了理论模型分析基本面信息与订单簿信息之间的关系，研究发现：市场价格的博弈形成过程不仅取决于使用基本面信息的投资者，还取决于使用订单簿信息的投资者，高频交易特别是其中的做市策略，可以通过对订单簿信息的分析提高价格预测的准确性。因此，当高频交易在市场中占主导地位时,订单簿信息和基本面信息同等重要。

三、信息效率和做市效率的再权衡

当传统做市商被高频做市交易商取代之后,如何权衡信息效率和做市效率成为一大挑战。信息效率是指信息到达价格的快慢,这会直接影响市场效率,例如,高频交易可以让基本面信息更快地到达价格中去,因此提高了信息效率;做市效率是指做市商帮助买卖双方分别实现成交的快慢,例如,高频交易通过维持合理的订单簿让买卖双方都能够尽快成交。

Baldauf 和 Mollner(2020)认为,信息效率和做市效率并不总是统一的,这两者经常是互相排斥的,需要在两者之间进行权衡,研究发现:更快的交易速度能够帮助买卖双方更快地各自成交,从而提高了做市效率,但交易速度过快可能导致订单簿信息被过度使用,反而产生逆向选择问题,即阻碍了基本面信息进入价格,进而降低了信息效率。

因此,从理论上看,存在这样一个交易速度的最优点,即信息能够以较快的速度反映到价格中去,同时做市机制对信息进入价格起到推动而非阻碍的作用;当二者出现矛盾时,应优先考虑信息效率,然后再考虑做市效率,因为促进价格发现进而提升市场效率是最终目标。

四、高频交易问题的复杂性与挑战

正是因为高频交易对于信息与价格这个经济学最基础的关系提出了挑战,使得高频交易问题的复杂性骤然增加,这就需要格外重视并处理好以下三种关系:

第一种是基本面信息和订单簿信息之间的关系。通常而言,价值投资多用基本面信息,做市交易多用订单簿信息,但两者亦有重合。

第二种是低频交易和高频交易之间的关系。市场上并非仅仅存在高频交易,同时还存在大量普通交易(ordinary traders,简称 OT)或称低频交易(low frequency traders,简称 LFT)。高频交易往往会带来信息不对称,进而损害低频交易的利益,导致低频交易减少直至退出市场(Menkveld,2014;Hagströmer et al.,2014)。

第三种是高频交易内部之间的关系。高频做市交易和高频投机交易常常有利益冲突,它们之间亦需要通过竞争抢先获得信息和更快实现交易(O'Hara,2015;Budish et al.,2015;巴曙松和王一出,2019),但这势必带来高频交易之间的"军备竞赛",进而造成资源浪费以及不公平等社会福利问题。

因此,随着交易速度不断提升,高频交易问题愈加复杂,如何处理基本面信息和订单簿信息、低频交易和高频交易、高频做市交易和高频投机交易之间的平衡问题愈发重要。

第二节 高频交易如何影响市场流动性?

过去 20 年,高频交易在海外市场已经从初期的崭露头角发展到如今的占据主导地位,关于高频交易对市场流动性影响的文献非常广泛。大量早期文献发现高频交易对市场流动性具有改善作用,然而近 5 年来学者多发现高频交易对市场流动性具有负向影响,即高频交易在损害市场流动性。

一、高频交易增加市场流动性

大量理论研究和实证文献表明高频交易作为做市商时常常能够为市场提供流动性(Malinova et al.,2013;Menkveld,2013;Hagströmer and Nordén,2013),对于该观点的解释大致可以概括为以下三个原因:首先,高频交易能够提高订单簿改变的速度,以更快的速度更新信息,从而降低市场中的信息不对称性,提高市场流动性,具体表现为降低买卖价差(bid-ask spread)和转换成本(Hendershott, Jones, Menkveld, 2011)。其次,高频交易避免了人工报撤单等操作误差,实现了以最快速度和最优价格成交,因此能够大幅降低交易成本,提高市场流动性(Jones,2013;Johnson et al.,2013)。最后,高频做市交易商取代了人工做市商,通过自动化的计算机程序能够更快地发现市场中的做市机会,降低了做市成本,从而提高了市场流动性(巴曙松和王一出,2019)。

二、高频交易降低市场流动性

亦有大量文献关注到高频交易对市场流动性的不利影响,主要归因于以下两个方面:

第一,高频交易与低频交易之间的竞争加剧。高频交易具有的信息优势,相当于给低频交易带来了信息不对称,由此产生逆向选择问题,既损害了低频交易利益,又使得低频交易逐渐减少甚至退出市场,从而导致市场流动性降低(Kirilenko et al., 2017; Breckenfelder, 2019; Malceniece et al., 2019; Ekinci and Ersan, 2022)。

第二,高频交易之间的报单竞争加剧。高频交易行业的显著特征是竞争极为激烈,特别是高频做市交易和高频投机交易之间常常有利益冲突(Budish et al., 2015; Menkveld and Zoican, 2017),例如,高频投机交易常常需要"狙击"高频做市交易的陈旧报价,这使得高频做市交易提供的流动性大幅降低。Breckenfelder(2019)通过实证分析检验了高频交易之间的竞争如何损害市场流动性,发现随着行业竞争更加剧烈,高频交易更多使用投机交易策略,从而使市场流动性快速恶化。

三、争论与共识

总体而言,高频交易对市场流动性的影响是较为复杂的。一方面,高频交易速度更快,提高订单簿改变的速度的同时降低了交易成本,从而减少了信息不对称问题,为市场流动性的提高做出了贡献;另一方面,高频交易与低频交易之间的竞争以及高频交易内部的竞争,加剧了信息不对称问题,使得市场流动性降低(Menkveld, 2016)。

第三节 高频交易本身提供流动性吗?

随着高频交易的快速发展,不仅从宏观视角出发研究其对市场流动性的影响愈来愈受到关注,而且从微观视角出发研究高频交易本身是否提供流动性也更加重要,这需要根据不同的高频交易策略进行区分。此外,当市场处于极端波动的情况下,高频交易提供还是消耗流动性的情况也会发生改变。

一、是否提供流动性内生于高频交易策略本身

从高频交易提供流动性的角度来看,首先,当高频交易充当做市商的角色时,能够为交易双方提供更多的交易机会,促成交易,能够为市场提供流动性;其次,当高频交易进行事件交易即以电子方式解析信息并进行推断从而进行交易时较为复杂,具体而言,高频交易利用自然语言处理等文本分析技术以纳秒级别的速度快速作出判断并完成交易,让信息更快地进入市场。一方面,如果高频交易基于常规事件,则能够提供流动性(Ke and Zhang,2020);另一方面,如果高频交易基于波动事件,则消耗流动性。

从高频交易消耗流动性的角度来看,首先,当高频交易使用投机交易中的订单预期交易,即基于订单流动信号进行交易时,高频交易将以基本面分析为主的传统机构投资者为交易对手,而其本身并不利用任何基本面信息,只是通过订单之间的偶合关系来判断市场变化从而进行投机交易,是在消耗流动性;其次,当高频交易使用套利交易时,快速成交和把握住转瞬即逝的成交机会是关键,此时的高频交易都会选择"越过"买卖价差直接与交易对手成交,自然是在消耗流动性。

二、高频做市商替代传统做市商之后提供了更多流动性

在当今市场中,由于高频交易具备信息产生成本和交易成本更低的特点,已经完全取代了传统做市商在市场中的地位。Hagströmer 和 Nordén (2013)通过分析纳斯达克 OMX 斯德哥尔摩交易所的数据,将高频交易策略细分为高频做市交易和高频投机交易,通过详细分析交易特征后发现:从交易量的视角而言,做市交易占据高频交易的份额高达 63%—72%,占据限价单流量的 81%—86%,高频做市商已经构成了现代股票市场中一个重要的市场参与群体。由于做市商需要对订单流进行持续监控并保持一个合理的订单交易比率,而高频交易具有低延迟的特点,能够使其以更快的速度对市场信息作出反应,因此与传统做市商相比,高频做市商更加有

利于为市场提供流动性。

三、低延迟技术使高频做市商提供了更多流动性

高频做市商为市场提供流动性的关键在于做市成本要低。Conrad 等（2020）对高频做市商提供流动性的特定股票和市场范围的期限结构进行分析，发现通过降低交易延迟，可以使高频做市服务更加经济。另外，Conrad 等（2015）通过东京证券交易所交易外生技术变化的事件，实证检验了高频交易低延迟技术对价格形成过程的影响，即东京证券交易所于 2010 年 1 月 4 日使用新的交易系统"Arrowhead"取代原有交易的基础设施，该系统将接受订单到执行订单的时间长度从 1—2 秒大幅缩减到 10 毫秒，显著降低了交易延迟，进而使交易成本相比之前显著下降，因此高频做市商的做市行为更加经济，提供了更多的流动性。

四、市场发生事件时：高频交易提供或消耗流动性

当市场发生事件时，即有新的基本面消息到达市场，高频交易有时提供流动性（常规事件），有时消耗流动性（波动事件）。

1. 常规事件时：高频交易提供流动性

Ke 和 Zhang（2020）分析了一个具有代表性的常规事件即上市公司的盈余公告后漂移（post earnings announcement drift，简称 PEAD）现象，并使用纳斯达克数据实证研究了高频交易如何将基本面信息纳入股价形成过程，发现随着高频交易参与该事件的交易量占比的增加，上市公司出现 PEAD 现象的程度将降低，而这种现象出现时高频交易处于被动地生成市场中订单的状态，即高频交易作为流动性提供者的角色，而非主动作为市场消耗订单的流动性需求者。

2. 波动事件时：高频交易消耗流动性

与常规事件截然不同，高频交易在波动事件中充当了流动性消耗者的角色。Ait-Sahalia 和 Saglam（2017）通过研究高频交易在市场波动时期的流动性供应机制，发现在市场价格波动加剧、跳跃性价格增多的事件中，高频交易提供的流动性明显减少。究其原因在于市场波动性增加、跳跃性价

格增多时,市场本身变得更加脆弱甚至失衡,而更加偏好市场价格变化较为平稳的或买卖双方交易中间人的高频交易不再愿意持有库存,从而为市场提供的流动性降低,极端情形如闪电崩盘(flash crash)时更是会消耗流动性。

五、极端负面市场中高频交易是否提供流动性?

随着高频交易不断发展,学者对于正常市场条件下的高频交易活动的研究越来越多,然而对于极端负面市场中高频交易如何提供流动性的研究较少。随着极端负面市场不断出现,以往的研究结论受到质疑和挑战,因此本部分将主要探讨在市场衰退、极端价格变动和日内震荡等消极的、极端负面市场中高频交易是否提供流动性。

1. *市场价格短期下跌:高频交易提供流动性*

在短期价格急剧下跌的市场情况下,高频交易往往具有较为复杂的影响。一方面,高频交易可以提升流动性和价格发现效率;另一方面,高频交易也会加剧市场波动性(Hautsch et al.,2017)。Nawn 和 Banerjee(2019)探讨了高频交易在市场极具压力时期扮演的角色,发现高频交易在短期价格急剧下跌的市场条件下并不会显著撤回流动性,反而会提供更多的流动性,为维护市场稳定发挥了重要的作用。Foucault 等(2016)探讨了新闻公告对市场的影响以及高频交易的作用,发现新闻公告会增加市场流动性和市场波动性,而高频交易会通过加快市场对新闻公告的反应速度来提升价格发现效率,从而为市场提供流动性,但与此同时高频交易会加剧市场波动。

2. *市场价格长期下跌:高频交易消耗流动性*

与短期不同,当市场价格急剧下跌长期存在时,高频交易将消耗流动性。由于海外市场的一体化程度较高,使得不同市场之间价格的跳跃性变化更加同步,特别是当市场缺乏流动性时,有可能导致极端价格出现,并在各个市场之间进行传导,从而形成长期价格下跌的态势。Bhattacharya 等(2017)研究发现,高频交易总体而言在促进信息效率的提升方面发挥了积极的作用,但是不同的交易策略可能会产生一些不同的负面影响,如增加市场波动性、降低市场稳定性、消耗市场流动性等。Calcagnile等(2018)通过理论模型和实证数据研究发现,高频交易会加剧市场集体同步现象,进而消耗市场流动性、增加市场波动性和系统性风险。

因此,虽然高频交易只会影响短期价格而不会影响长期价格,但当整个市场都是高频交易时,高频交易对短期价格的影响将会长期化,此时市场结构发生根本改变,高频交易也从市场的流动性提供者变成了流动性消耗者。

3. 日内剧烈波动与"闪电崩盘":高频交易消耗流动性

高频交易在市场中通过频繁地买入和卖出同一资产赚取微小的利润,并且由于交易速度非常快,可以在极短的时间内引起市场价格剧烈波动,买方和卖方的订单簿可能会出现失衡,进而消耗市场流动性。Johnson等(2013)研究发现,高频交易能够以纳秒级别的速度进行交易,从而为市场带来了较多噪音和波动,而由于不同高频交易之间往往采用类似的策略和算法,当市场一旦出现波动时,它们往往会同时进入或退出市场,进一步加剧市场波动,并且消耗市场流动性。Leal等(2016)研究发现,由于高频交易可以在纳秒级别内执行交易,并且其交易策略较为复杂,交易行为不可预测,使得市场中的波动变得更加频繁、剧烈以及难以预测;此外,由于高频交易可以在非常短的时间内产生大量订单,使得市场难以及时消化这些订单,从而导致市场流动性不足。因此,随着高频交易的普及,市场中的超高速机器所形成的生态已经成为导致市场波动和金融黑天鹅事件产生的主要原因之一。

"闪电崩盘"是指在极短的时间内,市场中的某一资产价格快速下跌并迅速恢复的情况(Easley *et al.*,2011)。当发生闪电崩盘时,投资者通常会立即卖出该资产,以避免进一步的亏损,这导致市场中的供给量急剧增加,而需求量减少,因此资产价格迅速下跌,市场流动性下降;此外,"闪电崩盘"还可能引发其他投资者恐慌性抛售,从而加剧市场流动性下降。Easley等(2012)通过研究2010年5月6日发生的闪电崩盘事件,发现市场流动性缺失、流量毒性和信息交易是导致"闪电崩盘"等极端市场波动的重要因素。Golub等(2012)通过建立模型发现当市场中存在极端的噪音或投资者情绪时,市场价格将剧烈波动,流动性将被大量消耗。Clapham 等(2020)研究发现,高频交易对流动性的贡献主要体现在通过紧密报价提升市场深度,然而在流动性突然消失时,高频交易为了避免遭受亏损,其报价也会随之消失,导致市场流动性更加恶化。

因此,高频交易对于流动性而言,更多是"锦上添花"而非"雪中送炭",当市场真正需要高频交易提供流动性时,高频交易常常缺位。

六、高频交易提供流动性时反而会降低市场效率

近些年来,越来越多学者意识到,市场流动性越高并不一定会带来市场效率的提升,特别是在高频交易主导的市场(Baldauf and Mollner,2020),而市场效率的提升才是市场机制的最终目标。例如,当某一家上市公司基本面出现坏消息时,其股票价格本应该尽快跌到相应的价格,但却由于高频做市商不断提供流动性延缓了价格下跌过程。尽管从市场流动性度量视角而言高频交易在提供流动性,市场整体的流动性也在改善,但这家上市公司的价格发现效率明显降低,即市场效率受损。

可见,市场流动性与市场效率之间会发生互斥的情形,因此做市效率与信息效率之间的权衡在高频交易时代变得尤为重要,然而该视角在过去 20 年并没有得到学术界的足够关注。

第四节　高频交易如何影响市场稳定性?

高频交易在海外市场中扮演着至关重要的角色,往往能够提高市场效率、增加市场流动性、加快价格发现以及降低交易成本。然而,高频交易也存在一些负面影响,尤其是高频交易会导致市场短期价格波动加剧、增加市场的脆弱性与市场尾部风险,并可能形成对其他市场参与者而言不公平竞争的局面(Brogaard et al.,2018;Kang et al.,2020)。

一、波动性

Hagströmer 等(2014)通过对比分析高频交易和低频交易之间的决策

过程,发现相较于低频交易,高频交易会增加市场波动性,并增加限价单的买卖价差。Brogaard 等(2018)提出高频交易对市场波动性的影响因市场情况而异,一般而言,高频交易在较为稳定的正常市场中不会引起过度市场波动,但是在极具压力的极端市场中,高频交易则会加剧市场波动。Leal 和 Napoletano(2019)研究发现,高频交易在极端市场条件下可能会加剧市场波动,使市场更加不稳定,如在 2010 年 5 月 6 日美国市场的"闪电崩盘"事件中,高频交易在市场下跌时大量卖出,导致市场迅速下跌,进一步激发了更多的高频交易出售资产,又使得市场进一步下跌。因此,高频交易在极端市场条件下可能会成为市场不稳定和剧烈波动的催化剂。

二、脆弱性

Kirilenko 和 Lo(2013)探讨了高频交易的脆弱性和尾部风险,指出高频交易可能会增加市场中的系统性风险和脆弱性,因为高频交易会使得价格变动更加不稳定以及不可预测。此外,尽管高频交易可能会降低市场中的交易成本,但是同时会增加尾部风险,即极端事件发生的可能性,这种风险尤其会导致市场崩盘的发生,进一步增加市场的脆弱性。

因此,虽然高频交易在一定程度上提高了市场效率和市场流动性,但是金融监管部门仍要注意加强对高频交易的监管,从而降低市场中的系统性风险和脆弱性。

第五节 特殊情形的高频交易

在一些特殊情形下,高频交易对市场流动性、市场稳定性、市场效率的总体影响会变得非常难以评估,特别是高频交易具有误导性的交易活动会给市场及其参与者乃至高频交易内部不同参与者带来许多不利的影响。

一、高频交易提供虚幻流动性

虚幻流动性(ghost liquidity,简称 GL)是指高频交易利用其速度优势创造虚假的流动性,从而吸引其他交易者进入市场,但当真实流动性需求发生时，高频交易提供的这些流动性会迅速退出市场。因此，虚幻流动性很可能会导致市场不稳定甚至剧烈波动，进而导致市场中真实流动性的缺失。例如，Blochter 等（2016）利用纽约证券交易所的数据进行了实证分析，发现高频交易频繁地更改报价但并不能真正地成交，这种提供虚幻流动性的现象降低了市场流动性、增加了市场波动性。

1. 多交易中心

van Kervel（2015）从多交易中心的角度出发，研究了多个交易中心之间的竞争对市场流动性的影响，发现由于高频交易更倾向于聚焦在一个交易中心，而低频交易则分散在不同的交易中心，这会导致流动性需求和供给错位，进而对市场流动性产生负面影响。此外，van Kervel（2015）通过理论模型研究了虚幻流动性对市场竞争的影响，发现虚幻流动性会吸引更多的交易者进入市场，特别是短期交易者和基于基本面信息的机构投资者；然而当市场变得不稳定时，特别是市场崩溃时，高频交易却迅速退出市场，被吸引入场的交易者由于速度较慢无法快速撤离市场，可能会遭受巨大损失，从而导致市场流动性进一步恶化，形成恶性循环。

2. 机构投资者大单

Korajczyk 和 Murphy（2019）对虚幻流动性进行了详细的研究，他们将关注点放在高频交易的做市策略上，尤其是面对大型机构投资者的巨量订单时。他们通过研究发现，高频做市商会将大单分解成更小的、更频繁的交易订单，从而降低自身作为做市商的风险，并提高做市效率，但这会误导市场中大型机构投资者以为流动性非常充沛而发出巨量订单，但真正需要成交时，却发现高频做市商无法真实提供这些流动性。

3. 拥挤报单

拥挤报单即"报价堆积"，这不仅是一种误导性的订单策略，也是一种市场操纵行为，是指在极短的时间内发送大量的虚假报价干扰市场。这种市场操纵行为会对市场流动性产生负面影响，即当市场上有大量报价被快速、频繁地撤回或更改时，其他交易者将难以确定价格和执行订单，从而导致市场流动性变差。除此之外，拥挤报单还可能导致价格不稳定，因为它可以触发其他高频交易，从而引发一系列连锁反应。Egginton 等（2016）利用 2006—2014 年间美国股票市场的数据，分析了拥挤报单的频率和影响，发现拥挤报单的频率在 2008 年全球金融危机之后有所上升，并且其出现频率与股票流动性、交易成本和市场深度之间呈现出显著的负相关性。因此，在拥挤报单愈演愈烈期间，股票会面临买卖价差上升、市场深度降低等流动性问题。

4. 高频交易之间的竞争

现有研究认为，高频交易之间竞争的加剧可能会导致市场流动性恶化（Bernales，2019；Breckenfelder，2019）。当一个市场以低频交易为主、高频交易为辅时，高频交易更多会为低频交易提供流动性并因此获得利润；当一个市场以高频交易为主、低频交易为辅甚至极少时，高频交易不可避免将为高频交易提供流动性，即高频交易之间互相提供和消耗流动性，但它们本身并没有太多基本面信息而都是订单簿信息，因此市场此时的流动性并不真实，是一种虚幻的流动性。

二、高频交易提供的流动性容易产生共振

高频交易在为市场提供流动性的同时容易形成不同市场之间价格或者流动性的共振，原因主要有以下几点：首先，高频交易策略通常基于短期价格趋势，使得高频交易往往会在短期内进行同方向交易；其次，当市场价格出现剧烈波动时，高频交易会在同一时间内采取类似的避险策略，从而导致市场共振。此外，当市场条件变得不确定或不稳定时，高频交易可能会率先撤离市场，导致市场流动性下降，进而增加共振的风险。

例如，Benos 等（2017）研究了高频交易之间的联动对市场共振的影响，结果表明，这种联动可以导致价格共振和交易量共振。例如，当高频交易同属于一个投资银行时，它们可能会通过其母公司的其他交易部门或业务来获取信息，进而通过利用这些信息在高频交易市场上获得优势并影响市场价格，这种信息交流会持续较长的时间，并且会影响市场的长期价格趋势，但这种价格形成并没有得到基本面信息的支持。Malceniece 等（2019）研究了高频交易对市场中不同资产的共振效应，发现高频交易为市场提供流动性的同时会引起不同市场之间的共振，尤其是在股票市场上，高频交易带来的共振效应会随着市场波动的增加而增强。Anagnostidis 和 Fontaine(2020)使用法国股票市场的交易数据进行研究,发现高频交易之间存在着共同的交易策略,导致它们在市场中形成了一定的流动性共振,即当一个高频交易在市场上活跃时,其他高频交易也会活跃,从而产生共振现象。

第六节　高频交易与其他市场参与者

高频交易与其他市场参与者之间的关系是复杂且动态发展的。例如,高频交易之间的联动会带来市场共振,进而影响上市公司的融资成本;高频做市商在面对大型机构投资者时会选择顺应市场趋势而不是提供流动性;高频做市商在面对有信息优势的机构投资者时同样会向其提供同方向订单;高频交易利用低频交易信息预测未来订单簿变化时会增加低频交易的交易成本;分析师会减少分析更多高频交易参与的股票等。

一、高频交易影响上市公司的融资成本

Malceniece 等(2019)研究发现,当多市场产生联动时,高频交易的影响不只停留在市场微观结构中,还会影响公司财务和资产定价,尤其是上市公司的融资成本。尽管高频交易通过提高流动性使买卖双方更容易找到对手方,从而降低交易成本和融资成本,但当高频交易联动之后做市商通常会在短期内进行大量交易,这会使流动性变得不稳定,导致投资者难以确定资产的真实价值,从而导致上市公司融资成本上升。

二、高频交易面对有信息优势的机构投资者:从提供流动性演变为抢夺流动性

在市场中,高频交易和有信息优势的机构投资者是两个重要的参与者,它们在市场中的相互作用会对市场效率和稳定性产生重大影响(Korajczyk et al.,2019)。高频交易是利用计算机程序和高速网络等技术实现快速、多次交易,单次交易量很小;而有信息优势的机构投资者则通过有限几次、交易量巨大的交易来实现自己的投资策略,其一旦大量买入或卖出某

只股票,就会对市场价格产生长期影响。

当高频交易面对有信息优势的机构投资者时,很可能会从逆市而行(against the wind)的流动性提供者发展为顺市而行(with the wind)的流动性抢夺者。Menkveld(2016)研究发现,高频交易特别是高频做市商在面对有信息优势的机构投资者,如公募基金时,刚开始会扮演流动性提供者的角色,但随后会跟随其提供同方向订单,即高频交易通过顺应市场趋势进行交易,避免因为逆势而行而承担过大的风险。

三、高频交易与低频交易

Hirschey(2021)研究发现,高频交易可以利用低频交易的订单簿信息对未来价格变化进行预测并据此作出交易决策。首先,当低频交易意识到高频交易正在利用它们的订单簿信息时,可能会采取措施来限制信息泄露,如使用更加私密的交易平台(具有暗池交易属性的平台等),这反而会使得交易成本进一步增加;其次,高频交易利用技术优势往往会在订单簿变化之前就已经完成交易,进而导致价格发生变化,使得低频交易无法以原来的价格,即以更差的价格进行交易,从而增加交易成本;最后,高频交易仅仅通过预测未来订单簿变化而不是基本面信息进行交易,可能会导致市场价格波动加剧,从而增加交易成本,为市场带来不稳定性,增加市场风险和交易成本。

四、高频交易与分析师

在股票交易中,高频交易与分析师之间存在某种相互依存的关系,高频交易的部分交易策略会参考分析师提供的研究报告;同时,分析师也会通过高频交易了解市场中的价格波动和投资者情绪,从而更准确地评估公司的价值。但是Bilinski等(2020)研究发现,高频交易会对分析师的研究报告造成负面影响,因此分析师会减少分析更多高频交易参与的股票。原因可能有以下几点:第一,由于高频交易往往在短期内进行大量的交易,使得股票价格的波动更加剧烈和不稳定,但这些波动与股票基本面无关,从而使分析师更难以对股票进行准确的分析和评估。第二,高频交易本身是一种高速且动态的交易方式,交易策略往往非常复杂,因此分析师可能无法真正了解高频交易的策略和行为,从而难以对股票进行准确的分析和预测。综上所述,高频交易会导致分析师降低对有更多高频交易参与的股票的关注度。

第七节　高频交易监管政策的学术评价

在海外市场中,高频交易已经占据了越来越重要的地位,相关监管机构也陆续出台了一系列监管措施,如设置 OTR(order to trade ratio)限制、增大最小报价单位(tick size)、征收税款、设置指令停留时间及日内价格涨跌幅限制等措施,但是这些措施是否能够为市场真正带来流动性,提高市场稳定性和提升市场效率,则需要进一步研究和讨论。

一、设置 OTR 限制

OTR 是指订单数量与成交量的比率。当监管机构实施 OTR 限制时是希望高频交易不能发送过多的订单而不执行,这可以减少高频交易对市场的干扰。Banerjee 和 Roy(2022)研究发现,监管机构实施的 OTR 限制很可能会促使高频交易改变交易策略,通过减少订单数量降低 OTR,从而导致高频交易更多地从事投机交易而非做市交易。然而,这导致高频交易更加注重短期利润,而不能长期为市场提供流动性。此外,OTR 限制可能会导致高频交易使用更复杂的交易策略,如利用隐藏订单或暗池交易来规避监管限制,同时会增加市场不透明度。因此,设置 OTR 限制之后会带来高频交易更多地从事投机交易、更少地从事做市交易。

二、增大最小报价单位

2016 年,美国股票市场出台了一项准自然实验的监管政策,即在纽约证券交易所中增大一部分股票交易的最小报价单位。Frino 等(2015)研究发现,增大股票交易的最小报价单位之后,高频交易中的做市策略有所增加,高频交易中的投机策略有所减少,市场流动性有所改善。因此,增大股票交易的最小报价单位的确可以减少高频投机对市场的负面影响,不仅使高频做市的流动性提供更加充沛,还可以吸引市场中长期投资者的参与。

三、征收高频交易税

Malinova 等(2016)研究了征收高频交易税对市场流动性的影响,发现征收高频交易税会降低高频交易在市场中的活跃程度,从而降低市场流动性和价格发现效率,但是同时也会降低市场稳定性,改变低频交易的艰难处境;不过对高频交易征收的税也会有一部分由低频交易承担。因此,对高频交易征税其实对政策制定者而言是一项极具挑战性的工作,不仅需要平衡好税在高频交易与低频交易之间的分担问题,还需要平衡好市场流动性、市场效率和市场稳定性三者之间的关系。

四、限制指令停留时间

为了解决高频交易带来的市场不稳定、市场波动以及不公平问题,一些国家的金融监管机构采取了指令停留时间的监管措施,如美国证券交易委员会(Securities and Exchange Commission,简称 SEC)和欧洲监管机构。然而,学术研究发现,设置指令停留时间会导致订单滞后,继而降低市场流动性并增加交易成本(Foresight,2012;Jones,2013)。其原因在于,指令停留时间相当于流动性提供者给了流动性消耗者一个期权,但该期权又是免费的,这势必使得流动性提供者不得不在最开始订单提供的过程中获得补偿(例如,拉大做市挂单的买卖价差),这势必会带来市场流动性的恶化。

五、禁止做空

Brogaard 等(2017)利用美国证券交易委员会(SEC)于 2008 年 9 月实施的高频交易做空禁令事件进行分析,发现禁止做空之后,高频交易的流动性供应降低,原因主要有以下几个方面:首先是高频交易较之前更多选择市价单;其次是市场中流动性提供者之间的竞争减少;最后是在做空禁令实施之前,高频交易在市值更大的股票中更为活跃,而在做空禁令实施之后高频交易在这些市场中的交易活动急剧下降。

六、交易所需要不断提供更快交易速度的基础设施吗？

高频交易通常会将其服务器放置在交易所数据中心附近，以最小化延迟获得比其他交易者更快的速度优势。交易所往往也会通过大量投资基础设施来提升交易速度，包括在战略位置建立数据中心、使用先进的网络技术和实施支持高频交易策略的交易规则；部分交易所甚至为高频交易开发特有的产品和服务，如机架式服务器服务、超低延迟交易连接等。

然而，学者研究发现，当基础设施能够支持的交易速度到达一定程度之后，更快的交易速度并没有带来市场流动性的进一步增加，此时高频做市商提供的流动性往往被高频投机交易而非低频交易获得，而高频投机交易在一定程度上抑制了市场中其他交易者的交易活动和市场流动性（Menkveld et al.，2017）。由此说明，尽管交易所需要提供更快交易速度的基础设施，但不需要一味追求和提高交易速度，对于某一个市场阶段而言，交易速度对市场流动性的提升是有上限的。

七、交易所需要鼓励高频交易展开军备竞赛吗？

高频交易之间的军备竞赛不仅会增加交易成本，还会对其他交易者造成不利影响，所以有必要采取措施来避免此类军备竞赛以确保市场的公平竞争和有效运作（Menkveld，2016）。

具体而言，第一，高频交易不断更新和改进交易系统，这需要大量的研发投入，这些成本最终会传递给投资者，导致公开的交易成本上升；第二，军备竞赛导致高频交易竞争加剧，并采用更加激进和复杂的交易策略，从而加剧市场波动；第三，军备竞赛会导致市场中出现更多的虚假信号和噪音交易，使真正有价值的交易信息变得难以识别和利用。

八、评估监管政策效果的研究方法

在利用真实的交易数据，特别是订单簿层面的数据实证评估高频交易监管政策效果时，应该更多采用传统的线性回归分析、双重差分法（difference in difference，DID）、倾向得分匹配模型（propensity score matchingdifference in difference,PSM-DID),从而得出高频交易与市场质量的因果关系;而机器学习特别是深度学习只能作为补充,不能起主导作用,因为其只体现预测关系,较难揭示监管所需要的因果关系(Ersan *et al*.,2021)。

此外,对于监管政策效果的评估应该采取综合性的方法,既要考虑政策的实际效果,也要考虑政策可能带来的潜在风险和负面影响。首先,关注高频交易对流动性和价格发现的影响;其次,考虑高频交易对市场稳定性和风险控制的影响;最后,关注高频交易对市场公平性和透明度的影响。

思考题

1. 高频交易与市场流动性之间是什么关系?
2. 高频交易与市场稳定性之间是什么关系?
3. 高频交易与市场效率之间是什么关系?

视频资源

1. 高频交易的学术研究结论(上)
2. 高频交易的学术研究结论(下)

第六章　高频交易的策略原理

随着金融市场日益开放与产品复杂性逐渐增加，越来越多的机构投资者将高频交易作为一种分散化投资的交易方式，本章重点分析高频交易策略背后的原理与理论基础。

第一节　高频交易的策略构成

传统的基本面投资是基于市场均衡假说的长期投资方式，而高频交易的交易理念则基于人类认知局限与市场价格始终处于动态形成过程中，是一种超短期的投资方式，主要策略是做市交易策略、套利交易策略与方向交易策略，而其中做市交易策略是最主流、占据最大交易比重的交易策略，构成了对基本面投资的有益补充。

一、做市交易策略

做市交易策略是高频交易最主流的策略，做市商在订单簿的两侧同时提交限价订单，为那些想立即进行交易的市场参与者提供流动性，做市商自身则获取买卖价差作为盈利。当然，做市商与知情交易对手进行交易可能造成损失，其风险由做市商自行承担。因此，做市商可确保他们的买卖限价单尽快地反映所有信息，以便限制可能输给知情交易对手的损失。基于这一理念，高频交易做市商频繁更新他们的报价，以回应其他订单的请求和撤销，由于这种不断持续的更新过程，高频交易做市商往往对每笔交易都提交和取消大量的订单。

在大部分美国证券市场，流动性提供者也能赚取流动性回扣，这有时被称为"做市商的手续费"。一些高频交易正式注册成为这样的交易场所，其他则作为非正式交易商。这种选择通常取决于成为注册做市商的义务和福利,会随着资产和交易场所的不同而变化。例如,对于 2008 年 9 月美国 SEC 发布的禁止卖空金融股票的禁令,非正式做市商必须遵守。无论是正式还是非正式做市商,高频交易做市商已在很大程度上取代传统的人工做市商,一是因为他们不太可能被知情交易对手利用并造成损失;二是因为技术进步为高频交易做市商降低了成本。

二、套利交易策略

套利交易策略是高频交易利用市场价格在形成过程中的短暂不平衡获利。

套利交易策略的经典案例是指数套利。例如,S&P 500 指数期货合约在芝加哥交易所交易,被动投资型指数基金(SPY)则是跟踪 S&P 500 指数期货合约最大的交易所交易基金(ETF),这两种产品非常类似,所以其价格变动也应步调一致。如果期货价格由于买单的进入而上升,但 SPY 价格没有与此同时上升,则高频交易会迅速买入 SPY 并卖出 S&P 500 指数期货合约,锁定一个约为两种产品价差的小幅盈利。这种交易模式也说明执行套利交易策略的高频交易具有"赢家通吃"的特点,如果一个高频交易始终比其他任何市场参与者的速度都快,它将迅速买下所有被错误定价的 SPY 并卖出被错误定价的 S&P 500 指数期货合约,从而使速度稍慢的交易商再无交易机会。指数套利也可以发生在上述指数产品与组成指数的成分股之间。举例来说,如果 S&P 500 指数期货合约价格上升,但是其成分股并无价格变动,高频交易将以正确的比例迅速买入多只股票,并消除错误定价。

套利交易策略也可以发生在个股之间。例如,西班牙国家银行(Banco Santander)股票在西班牙交易,但是在纽约证券交易所有其 ADR 交易;一些公司有多类普通股,或其他权益类挂钩的证券,如可转债等;只要两个密切相关的金融产品价格暂时偏离,高频交易即可获利。

三、方向交易策略

在方向交易策略中,高频交易会和基本面投资者一样预测价格走势,但不同之处在于,高频交易持仓时间非常短,它们仅仅是寻找超短期之内的交易机会。

高频交易会解析新闻、公告、宏观经济等信息,同时推断信息的方向并进行交易。例如,高频交易软件会寻找诸如"提升""更高"或"增加"等"预测盈利"的字眼,最终以毫秒为单位提交订单。事实上,如今大多数新闻台在公布新闻报道之前会自行进行文本分析,并向高频交易公布新闻摘要,因此,高频交易也不必再自行进行分析,从而节约珍贵的若干毫秒时间。

高频交易也会基于订单流动信号进行交易。例如,如果一个大额买单在当前卖出价格执行,高频交易可能因此推断提交订单者拥有大量正面消息,高频交易会立即买入股票以作回应。

方向交易策略中争议较大的是订单预期策略,此时的高频交易会将以基本面分析为主的传统机构投资者作为自己的交易对手。例如,如果一个传统机构投资者逐步买入 IBM 股票,高频交易可能会通过确认几分钟之内的大额买单顺序敏锐觉察该操作,从而提前买入 IBM 股票,推动价格上涨,这不仅会增加传统机构投资者买入成本,而且往往会将刚买入的 IBM 股票又以较高的价格出售给传统机构投资者,从而最终获利。为了阻止订单预期策略,传统机构投资者会努力掩饰其整体交易的目的,通过分拆订单,使其看起来像散户投资者的无信息订单。传统机构投资者也可能通过暗池交易或隐藏订单避免暴露其交易意图。这种交易策略实际上加剧了短期高频交易与长期基本面投资者之间的利益冲突。

第二节 高频交易的核心策略:做市交易

本节首先依据市场价格形成的方式,简单介绍交易机制的主要类型;其次重点分析做市商行为的理论模型;最后总结做市交易对市场效率的影响。

一、交易机制的类型

市场的交易机制是产品价格形成的方式,投资者潜在的买卖需求通过这种交易规则转化为实际的交易,从而实现市场最核心的功能——价格发现。不同交易机制下的价格形成过程各不相同,据此我们可以将交易机制分为竞价交易(又称为订单驱动制度)(order-driven market)、做市交易(又称为报价驱动制度)(quote-driven market)和两者相结合的混合交易(hybrid market)。

1. 竞价交易

竞价交易是买卖双方将委托指令提交至市场的交易系统之中,由系统按既定的交易规则进行指令匹配和撮合成交的一种交易机制。根据交易的连续性不同,竞价交易又分为连续竞价与集合竞价。目前,中国的场内证券市场普遍采用集合竞价与连续竞价相结合的交易机制,其中,开盘采用集合竞价方式(深圳证券交易所的收盘也采用集合竞价方式),而其他交易时间则采用连续竞价方式。

集合竞价对订单的处理是离散的,即系统将在一定时间段内所收到的委托订单累积起来,到某一确定的时间点进行集中的指令匹配。集合竞价的优势在于:(1)不存在买卖报价价差,市场按单一价格成交;(2)能有效化解大宗交易对市场价格的冲击;(3)能更好地化解新信息对市场的冲击。集合竞价可以有效降低开盘价被操纵的可能性,提高开盘价的信息效率。但是,集合竞价的这个优势也是它的劣势,具体表现为处理信息的即时效率非常低,忽略了市场的即时信息反应,降低了价格发现的效率。因此,集合竞价一般被用于交易间隔时间较长的开盘、收盘阶段或用于交易频率非常低的个股交易和大宗交易之中(例如,伦敦证券交易所对流动性较差的股票采用确定时点的集合竞价方式)。

连续竞价对订单的处理则是连续的,即系统即时地对委托订单按设定的交易规则进行匹配和撮合,以实现连续的价格发现功能。与集合竞价相对应的连续竞价的优势在于:(1)市场透明度较高,多数连续竞价市场的委托订单簿及成交信息是公开的(如沪深两市公开前五档买卖盘和即时成交价格);(2)信息处理效率高,价格能即时反映市场的信息变化;(3)流动性高。正因为连续竞价交易的透明、高效和公平性,大多数交易所都采用这类交易机制。

2. 做市交易

做市交易是由做市商在市场中首先报出证券的买卖价格(双边报价),然后由投资者根据做市商的报价决定是否交易。在纯做市交易下,交易双方都必须和做市商成交以实现证券的买卖,而做市商则通过低买高卖的报价策略(quote strategy)获取买卖价差。在网络交易系统兴起之前,做市商制度是交易所的核心交易机制。随着网络交易系统的发展,做市交易开始与竞价交易融合,形成各种形式的混合交易机制。

传统做市商市场价格的形成完全取决于做市商的报价,市场的流动性则取决于做市商的报价效率与交易能力。这一制度的优势在于:(1)降低买卖双方的信息成本,提高市场的流动性和活跃程度;(2)通过反向操作抵制投资者的投机和市场的剧烈波动;(3)有效传递价格信息,提高市场的效率和稳定程度。根据做市商数量的不同,传统做市商市场还可以细分为垄断做市商市场和多元做市商市场。

3. 混合交易

混合模式市场中的价格形成既取决于投资者,又与做市商的报价密切相关。一般而言,流动性较高的证券价格主要通过竞价交易形成;而流动性较低的证券(或大宗交易)价格则主要由做市商报价形成。事实上,根据市场组织方式和做市商权利不同,又可以将混合模式市场中的做市商分为专家做市商(specialist,如纽约证券交易所)和流动性提供商(liquidity provider)。前者为特定股票的做市商,具有查看和维护该股票订单簿的权利和义务;后者则指定为特定证券提供流动性,但它与普通投资者一样,只能向交易系统提交报价委托订单,并通过系统撮合成交,其所掌握的信息也仅限于公开的市场信息。一般认为,混合模式市场中的做市商特别是流动性提供商的作用与标的证券的交易情况密切相关。尽管如此,目前很多实施竞价交易的交易所仍引入做市交易,以发挥做市商为市场提供流动性、抑制价格波动及推广市场的功能。

二、做市商行为的理论基础

做市商制度起源于传统场外市场的雏形——店头市场,最初表现为拥有大量某种证券的机构在市场中承诺按确定的价格对该证券进行交易。现代证券市场中的做市商制度则起源于 20 世纪 60 年代的美国证券柜台交易市场,随着电子报价系统的引入和"全美证券协会自动报价系统"(NASDAQ)的建立,做市商制度逐步规范并成为市场的核心交易机制。

做市商制度在发展过程中经历了由纯做市商市场向混合模式市场的转变,尽管如此,做市商仍然通过建立相应市场环境下的报价策略参与市场,对市场效率的作用方式并没有发生明显改变。为此,我们首先需要通过做市商的报价策略来认识做市商的行为方式。

有关做市商报价行为的理论研究经历了由存货模型向信息模型的转变,这些报价模型适合描述不同市场环境下的做市商行为。

1. 存货模型

(1) Demsetz 模型与 Garman 模型

Demsetz(1968)最早研究了市场的供给微观结构,他将做市商视为即时交易的提供者(immediacy transaction provider)。他假设交易指令流服从随机分布且市场中仅存在唯一的做市商,由此做市商必须承担未来交易指令方向及数量上的不确定性所带来的风险,而为了弥补这一风险,做市商会采用低买高卖的双边报价策略,从而获取买卖价差。

Garman(1976)在 Demsetz(1968)的基础上进一步假设做市商在期初拥有现金和证券存货两类资产,在做市过程中不能借贷,做市商的目标是在避免破产的前提下实现预期收益的最大化。在这些假定条件之下,做市商的每次交易都是相互独立的,而做市商若要避免破产,在每次报价前必须考虑存货量及未来订单流的分布特征。

(2) Amihud 和 Mendelson 模型与 Ho 和 Stoll 模型

Amihud 和 Mendelson(1980)通过研究存货的作用,进一步扩展了 Garman 模型,他们将存货作为状态变量,并放在做市商的报价决策函数之中通过动态规划架构来解决问题。通过模型推导出来的最优双边报价函数都是存货头寸的减函数,即随存货头寸的增加,做市商的报价更倾向于单边卖出。与此同时,该模型也揭示了当市场中的买卖价差大于零时,做市商会有较高的最优存货水平。

Stoll(1978)以及 Ho 和 Stoll(1981,1983)则加入做市商厌恶风险的假设,并将做市的报价由单期延伸至多期,由单个做市商延伸至多个做市商。由于风险偏好函数的加入,做市商的目标从期望收益最大化转而追求最终财富的期望效用最大化。在此假设下,该模型所揭示的做市商报价策略与三类成本相关,即指令处理成本、存货成本与信息成本;在做市义务临近到期时,做市商会通过报价将存货逐步调整为零;若市场中存在多个做市商竞争,并允许做市商之间进行交易,随着做市商数量的增加,买卖价差将逐步缩小。

2. 信息模型

(1) Glosten 和 Milgrom 模型(简称 GM 模型)

Glosten 和 Milgrom(1985)首次将信息不对称问题引入做市商的定价理论之中。他们假设在纯做市商市场中存在知情交易者和不知情交易者,每次只能交易一个单位的证券,每个时期在做市商和交易者之间只有一次交易发生且交易是匿名的;交易者(知情或不知情)订单的到达是随机的,做市商不清楚证券的真实价值,因此,风险是中性的。

在 GM 模型中,订单的类型传递了真实价值的信息,知情者只有在价格低于真实价值的时候才会买,只有在价格高于真实价值的时候才会卖。因此,做市商使用贝叶斯学习法则来设定买卖报价,当前一笔成交为对手方买入时,做市商将上调卖出报价;当前一笔成交为对手方卖出时,则下调买入报价。

(2) Easley 和 O'Hara 模型

Easley 和 O'Hara(1987)在 GM 模型的基础上放宽了有关交易规模和市场一定存在知情交易者的假设,即交易者可以选择大额交易或小额交易,市场中既可能存在知情交易者,也可能不存在知情交易者。此时,做市商通过历史成交数据获知市场中信息的过程从静态变成了动态。与此同时,他们还加入交易时间间隔的因素。在此基础上,该模型预测,市场的交易规模越大,做市商的价格调整速度越慢;若交易时间间隔较长,做市商会缩小买卖价差。

三、做市商对市场效率的影响

做市商的主要功能可以归纳为两点:一是提供流动性,保证市场交易的连续性;二是降低市场波动率,使得交易价格无限接近资产的合理定价。从传统意义上讲,在证券市场中,做市商制度存在的价值更多地在于向市场提供其所需的必要流动性,从而使得市场的交易价格更接近证券中所蕴含的资产价值,以体现合理估值。而在期货市场中,交易量较证券市场规模要大,做市商提供流动性的功能在提高交易效率方面不能发挥在证券市场中那样的优势。然而,期货市场中由杠杆效应带来的高风险,却可以通过做市商制度得到极为有效的控制。做市商制度在期货市场中存在的价值主要是通过降低波动率、对交易品种合理定价来实现提高市场交易效率的功能。

做市商制度对交易效率提高的贡献主要通过以下四点表现:

一是能够保持市场的流动性。由于做市商必须维持品种的双向交易,因此交易者不用担心没有交易对手。做市商既是空头开仓的买方,又是多头开仓的卖方,即投资者随时都可以按照做市商的报价开多头仓位或空头仓位,不会因为多空双方不均衡(如只有多头委托单或空头委托单)而无法交易。当一个市场订单下到交易所时,如果在一定时间内没有可以匹配的反向订单,则做市商有义务接下这个订单。因此,该制度保持了市场的流动性。

二是能够保持市场价格的稳定性和连续性。由于做市商是在充分研究做市产品定价后,结合市场供求关系报价的,同时,做市商又承诺随时按报价开仓,这样就可减少价格波动,降低价格振幅。因此,该制度保持了价格的稳定性和连续性。

三是能够校正买卖指令不均衡现象。在做市商制度下,当买卖指令不均衡时,由做市商来履行义务,承接买单或发出卖单,缓解买卖指令不均衡的情况,并减少相应的价格波动。如买单暂时多于卖单,则做市商有义务用自己的账户卖出。

四是能够提供价格发现功能。实行做市商制度,使每个品种合约都有若干个做市商提供价格,价格会向真实价值靠拢。因为如果某一做市商报价距其他竞争对手差别太大,则其交易量会受到影响,那么他就会被淘汰出局。由于做市商在市场交易中具有信息优势,也为其他市场参与者提供了更好的价格信息,从而促进了整个市场的价格发现。

第三节 高频交易的对立面:暗池交易

近年来,暗池交易蓬勃发展,成交量以每年 40% 的速度增长。本节从三个视角回顾与展望暗池交易。首先,阐述暗池交易的概念,分析其增长原因,重点描述作为暗池交易最主要类型的配对撮合网(crossing network,简称 CN)。其次,回顾暗池交易的学术研究,即由早期的静态到如今的动态理论模型,重点分析暗池交易对流动性和价格影响的实证研究。最后,本节认为,在欧洲监管机构规范暗池交易的背景下,尤其是在欧盟《金融工具市场指令》(MiFID)为不同交易场所提供公平的竞争环境之后,暗池交易将继续其增长态势;而国内金融市场领域改革与发展提速之后,随着互联网金融的渗透,类似的暗池交易制度或交易平台也会逐渐发展壮大。

一、暗池交易的基本情况

近年来,并购潮使得传统交易所的数量呈现下降趋势(例如,洲际交易所并购了纽约泛欧交易所集团)。与此同时,另类交易系统(alternative trading system,简称 ATS)正以并购模式大量涌现,暗池交易即是其中一种。

1. 暗池交易的概念

(1) 暗池交易的定义与分类

暗池交易区别于传统交易所交易模式的显著特征是,该交易模式不提供公开的买卖报价。就暗池交易本身而言,不同的暗池交易会根据投资者属性进行区分。第一个区分体现在撮合方式(market model)上,例如,连续匹配(continuous crossing)还是集中匹配(periodic crossing),可见还是不可见的"交易池"等。第二个区分体现在所有制上,即暗池交易从属于传统交易所还是大型经纪商。第三个区分是什么样的交易者允许使用暗池交易，使用暗池交易的交易者是否既作为买卖方的交易连接，又作为零售商或机构客户提交订单。

基于上述区分，Mittal等（2008）将暗池交易分为五种类型。第一种是基于配对撮合网的暗池，其组织者为经纪商，专门为机构投资者服务，享有佣金收入。这些单独的暗池交易经营者不公布订单信息，买方一般直接将订单发送给经纪商，由其负责为订单寻找配对。属于此类的暗池交易包括ITG POSIT、Instinet、Liquidnet 和 Pipeline 等。第二种是"内部撮合池"，交易的目的在于通过经纪商内部化处理提高池内流动性。交易过程中，买方有权直接进入交易，而经纪商可以决定是否拒绝卖方进入交易。与零售订单类似，这些交易可以包括经纪商的自营订单。第三种是"监听目标池"，这种交易方式只接受"执行或取消"订单，客户的订单在经纪商账户内交易。相比其他暗池交易方式，这类交易方式往往被看作交易系统的"异常值"。第四种是"交易所暗池"。交易所注册后新设立另类交易系统，如NYSE Matchpoint、Nasdaq Crossing、Deutsche Börse's Xetra XXL 等。第五种是"联合暗池"，由多家经纪商共同经营，如 LeveL、BIDS 等。投资者的暗池订单如果在自己所属的暗池系统没有执行，可以发送到"联合暗池"撮合，经纪商往往以卖方身份进入交易。

（2）应用最广泛的暗池交易——配对撮合网

根据 Tabb 对美国机构投资者交易的统计报告，约 90% 的大型投资管理公司使用的是暗池交易的一种——配对撮合网（broker dealer crossing networks，简称 BDCN）。美国 SEC 将配对撮合网定义为："允许投资者以未定价的订单购买和出售证券，这些订单在特定时间以特定价格与另一市场的需求撮合"。

配对撮合网只在买单和卖单相匹配的情况下撮合。在特定时间点或者连续时间中，买单和卖单成对地从其他市场传送过来。如果买单和卖单不匹配，配对撮合网会通过交易程序的算法选定最优执行价格。然而，具体的交易规则常常是不透明的。根据 Mittal 等（2008）的分类，配对撮合网属于第一种基于配对撮合网的暗池类型，或者第四种"交易所暗池"类型

（如果它们附属于交易所）。

2. 暗池交易的诞生与发展趋势

对于机构投资者而言，暗池交易比传统交易所更具吸引力的原因在于其具有提供流动性、降低提交和执行费用、降低市场冲击成本等方面的优势。

在 2000 年前后，暗池交易几乎不存在。但现在，仅在美国的暗池数量就已超过 40 家，全球则超过 60 家，且暗池的成交量每年以 40% 的速度增长。这种爆发式增长的第一个原因是技术进步，尤其是算法交易的引入，这些算法考虑价格、流动性和市场影响后，会将最佳结果和自动分派的订单发送到不同的交易场所；第二个原因是监管变革，美国 Reg NMS 要求交易场所必须保证最佳执行，从而激发新交易场所的设定，欧盟 MiFID 的颁布也有相似的影响。

以 MiFID 为例，2007 年 11 月 1 日，初次颁布的 MiFID 规定监管范畴包含三类场内交易场所：传统的、受监管的交易所（regulated market，简称 RM）[1]、多边交易设施（multilateral trading facilities，简称 MTF）[2]、系统化内部撮合商（systematic internalisers，简称 SI）[3]。然而，MiFID 生效之后，金融工具交易场所之间的竞争日益加剧，特别是 2008 年全球金融危机后，先前未曾考虑过的问题暴露出来。首先，竞争的加剧在降低投资者成本的同时也带来了市场分割，使得交易环境更为复杂，特别是在数据搜集和透明度方面更是如此。其次，市场和技术如高频交易的发展超越了 MiFID 覆盖的范围，交易场所之间的透明度、公平性受到挑战。再次，对于股票以外的金融工具，特别是机构之间交易的场外产品的监管处于空白。最后，金融工具的加速创新和日益复杂需要更高水平的投资者保护。2014 年 4 月 15 日，欧洲议会和理事会通过了修订的欧盟《金融工具市场指令》（MiFID Ⅱ），寄希望于通过建立更加完善、有效的市场竞争结构，增加市场透明度，

---

[1] RM 是通常意义下的交易所。
[2] MTF 是由投资公司或市场经营者运行的多边交易系统，是金融交易电子化、网络化的产物。
[3] SI 是用自己的账户，在传统交易所市场和多边交易设施之外，自行处理客户订单的投资公司。

加强对算法和高频交易以及金融衍生品市场的监管，进一步保护投资者权益等新措施，来建立一个更加安全、透明和有效的金融市场体系，更好地服务实体经济。

机构投资者广泛使用的暗池交易（如 BDCN）可以分别在 MTF、SI 和场外市场中作为投资者的交易平台。在 MiFID 的框架下，暗池交易可以分为两类：一类是适用于交易所和 MTF 中避免披露交易前信息的暗池交易，另一类是由做市商使用的暗池交易，这两类都无须披露交易前的价格、交易量等信息。MiFID Ⅱ则加强了对上述两种系统的监管，尤其是对其中的豁免条款增加了更为细致的认定，豁免条款必须能够证明其不会影响公平竞争和价格发现效率。

可以预见，在未来数年里，随着订单流不断向交易成本更低的交易场所迁移，暗池的使用频率还会继续增加。这一变化对传统交易所、经纪商和监管者而言都是新的挑战，也对学术界的研究提出了新的市场微观结构问题。

二、暗池交易的理论基础

暗池交易的理论研究集中于配对撮合网的理论模型。早期配对撮合网的理论模型是静态的，只关注单个时点，要求交易同时进行。2008 年之后，研究重点转向动态模型。

Hendershott 和 Mendelson（2000）做出了开创性贡献，他们首次在模型中考虑配对撮合网和交易商市场（dealer market，简称 DM）之间的竞争，假定投资者（知情或不知情）可以选择在这两个市场中提交订单。市场均衡时，投资者有如下四种策略：（1）没有交易；（2）只在配对撮合网交易；（3）只在交易商市场交易；（4）在配对撮合网进行投机交易。投资者的选择会受自身特性（如估值、对交易的耐心程度等）和市场参数（如配对撮合网的手续费、买卖价差、订单执行概率等）的影响。各个市场为迎合特定投资者的需求，使得订单流碎片化（order flow fragmentation）。Hendershott 和 Mendelson 证明：将配对撮合网引入已经存在交易商市场的环境中，对市场质量和投资者福利的影响是微妙而复杂的，不同市场之间竞争的好处并不总是可以超过订单流碎片化带来的成本。一方面，投资者通过风险分担缩小买卖价差；另一方面，在交易商市场中会因为配对撮合网挑出不知情订单而扩大买卖价差。场外流动性的存在、配对撮合网成交量的提高有利于整个配对撮合网投资者的交易，吸引更多流动性进入。然而，为了能从这种外部性中获益，配对撮合网必须吸引足够的流动性；一旦配对撮合网获得足够的流动性，反过来又会产生一种负外部性，即对于成交速度要求更高的投资者将没有办法区分交易对手是否一样具有较高成交速度的要求，从而有可能被市场挤出。

Dönges 和 Heinemann(2006)扩充了 Hendershott 和 Mendelson 的模型。他们主要细化了一些策略理论，从而减少均衡的多种可能性。特别是当配对撮合网和交易商市场共存时，他们将跨市场的竞争刻画成投资者之间的合作博弈。研究结果表明：拥有低（高）的价格波动和拥有高（低）的换手率的资产，会有更大的概率在配对撮合网市场（交易商市场）交易。

Foster 等(2007)研究了一种典型的撮合程序(crossing procedure)，即依据订单交易量的撮合(volume-conditional order-crossing)。在这种机制下，只有股价达到最小临界值时才会触发交易，实现市场出清。他们从理论上评估了这种机制的作用和可行性，并与连续竞价市场进行比较，发现二者并没有很大的差别。他们认为，依据订单交易量的撮合对完善连续竞价市场是极其重要的，这基于以下两个原因：第一，可以吸引那些认为连续竞价市场即时交易价格太高的投资者；第二，阻止那些需要即时交易的知情投资者。他们证明了如果在传统交易所模式中加入依据订单交易量的撮合交易机制(crossing mechanism)，至少可以防范在流动性不足时的市场崩盘。

随后，学术研究重点转移至动态模型，这是因为配对撮合网的重要特征是在不同的交易时间对每个订单进行"匹配"，而原生市场同时存在一个可以连续竞价交易的市场。Degryse 等(2009)研究了配对撮合网和交易商市场的联系，他们将重点放在两个市场的订单流量构成和动态变化上，并假设存在三种信息状态——透明、部分透明以及完全不透明。透明意味着两个市场的投资者在作决策时对过去交易流的情况完全了解；部分透明意味着只有配对"撮合网—订单"是透明的;完全不透明意味着两个市场过去的交易情况不可得。研究结论表明,配对撮合网和交易商市场迎合了不同需要的投资者,具有更多交易意愿的投资者往往会选择交易商市场,而不同交易系统的共存有利于不同透明度要求的订单撮合。

三、暗池交易对传统交易所流动性的影响

暗池交易对传统交易所流动性的影响非常复杂,分为以下几种观点:

1. 暗池交易不会对传统交易所流动性造成影响

Gresse(2006)对 Hendershott 和 Mendelson 模型进行实证检验,没有发现配对撮合市场会产生负面影响的结论。她使用2001年两个半年度的英国和爱尔兰市场中型股票的横截面数据检验 ITG POSIT 撮合配对交易对伦敦证券交易所交易商市场流动性的影响。研究结果表明,在她检验的时间段内,POSIT 从传统交易方式中吸引了总市场份额1%—2%的流动性。然而,相应的成交比率非常低,仅有2%—4%。她没有发现 POSIT 对交易商市场的流动性产生不利影响,即交易商市场中的逆向选择风险(adverse selection risk)和存货风险(inventory risk)并没有显著增加。Fong 等(2004)使用澳大利亚证券交易所的数据分析了大宗交易在不同交易场所对价格的影响(限价订单、配对撮合网和上层市场)。分析结果表明,配对撮合网的存在并没有对限价订单的流动性产生不利影响,也就不存在交易从传统交易所流向配对撮合市场的迹象。此外,他们还发现,传统交易所中的信息不对称并不是交易流向配对撮合网造成的。Naes 和 Ødegaard(2006)对单个机构投资者——挪威石油基金(Norwegian Petroleum Fund)进行了为期6个月的跟踪调查。结果显示:该基金有4200个交易订单是首先发送给撮合配对网进行交易的,同时为防止交易不被执行,随后会转送经纪商。这说明,配对撮合网更低的交易成本可能被其交易的低执行概率带来的逆向选择成本抵消。

2. 暗池交易会带来新的市场分割,降低传统交易所流动性

Conrad 等(2003)分析了三个不同的交易平台(撮合配对网、电子通信网络和传统交易商市场)的交易成本(包括隐性成本和显性成本)。他们使

用私人数据（proprietary data）观察从 1996 年 1 月至 1998 年 1 月 59 个机构投资者（可以在这三个市场中的任意市场进行交易）约 1.6 万亿美元股票的交易去向。结果表明，配对撮合网比传统交易商市场的交易成本更低（大约相差 14%—30%），这会将交易者吸引至配对撮合市场进行交易。Degryse 等（2015）发现，在权益类市场中，公开显示订单簿的交易平台和非公开显示订单簿的暗池交易的数量都非常巨大，这种市场分割总体上提升了所有交易平台的流动性，但是降低了传统交易所的流动性，即只在传统交易所发送订单的投资者无法分享市场分割的收益。Kwan 等（2015）认为，传统交易所一般会有价差限制，而暗池可以让投资者以越过最小报价单位的限价订单排队，随着更多订单迁移至暗池，订单执行可能性上升，流动性提升，暗池交易会削弱传统交易所的竞争力。

四、暗池交易对价格的影响

暗池交易对价格的影响是相当复杂的，因为它们同时影响透明度、不同交易场所订单流的分裂、知情和不知情交易的比例等。

根据美国 SEC 的定义，配对撮合网可能需要使用原生市场的中间价（或收盘价、成交量加权平均价等）作为成交价格，这将不利于价格发现过程。投资者使用配对撮合网取代传统交易所时也需要权衡：一方面，配对撮合网可以最大限度地减少价格冲击，允许存在不公开的信息，以及完全匿名的交易；另一方面，相对较低的执行概率意味着投资者需要推迟在原生市场中的交易。配对撮合网中的"投机式"撮合方式会加大市场风险，使投资者因交易延迟遭受损失，而从原生市场得出交易价格的"寄生虫式定价"依赖原生市场的良好运作。

配对撮合网（包括其他暗池交易）需要解决以下三个问题（Hasbrouck，2007）：第一，避免价格操纵（price manipulation）。配对撮合网会选择原生市场中任意 5 分钟（或 7 分钟）的中间价，立刻确定撮合时间，避免投资者操纵原生市场价格。第二，避免掠夺性交易（predatory trading）。以 Instinet 公司为例，当市场有新的消息公布时，它会取消可以监测到市场消息订单的撮合。第三，避免信息泄露（information leakage）。配对撮合网只在交易完成后才向市场公布订单信息,这就需要在交易进行过程中避免信息泄露,如订单指令的大小、类型等。

1. 透明度

暗池交易和公开场所交易的区别在于交易前的透明度,而交易之后的透明度没有区别。例如,在公开市场,限价指令提交之后会立即被所有市场参与者看到,因此,投资者会修正其基本面价值信息而对价格产生影响。如果在暗池交易中提交限价指令,除了指令提交者之外没有人能观测这个指令,在交易发生之前,订单就没有包含这个交易指令的任何信息。如果这个指令最后没有执行,市场将永远不知道这个指令。即使指令最终执行,投资者观察到暗池指令所提供的市场信息也少于公开市场交易。此外,投资者在公开交易场所可以推断交易方向(交易发起方),因为交易总是在最高买价或者最低卖价执行。相比之下,暗池交易可以在价差之间发生,使得市场很难推断交易方向。由于市价和限价指令都传递信息(Rosu,2010;Kaniel and Liu,2006),暗池交易可能会不利于价格发现。

大部分研究认为,透明度对流动性和价格发现是有益的。例如,Pagano 和 Röell(1996)认为在不同的拍卖和经纪人市场,交易前的透明度让做市商能从交易中迅速了解信息,使得不知情交易者得到更为有效的价格,承担更低的交易成本。Baruch(2005)研究发现,限价指令簿的透明度提高了市场参与者与流动性提供者竞争的能力,既提高了流动性,也促进了价格发现。相比之下,Boulatov 和 George(2003)发现指令的隐藏导致了知情交易者之间更为激烈的竞争,促进了价格发现。实证结果虽然不一致,但他们都倾向于支持交易前的透明度在大多数情况下会促进价格发现。

Eom 等(2007)认为市场质量是交易前透明度递增的凹函数,也即交易前不透明度递减的凹函数。暗池交易增加了交易前的不透明度,因此过多的暗池交易会损害价格发现。如果市场质量是交易前不透明度的递减凹函数,较少的暗池交易应该不会阻碍价格发现,甚至可能对价格发现起促进作用。

2. 市场分割

除了降低透明度之外,自动撮合的暗池交易使得订单流动和交易行为割裂开来。投资者填写订单或者选择交易场所时,一般采用智能订单系统,这种割裂对市场质量包括价格发现有正负双向作用。

从正向作用而言,网络外部性有利于提升能力,当越来越多的交易者在同一个市场中时,这个市场撮合买卖双方的能力就会提高,交易成本就会降低;同时,流动性的提高会激励套利行为,增加价格信息量(Kyle,1984a,1984b;Chordia et al.,2008)。O'Hara 和 Ye(2011)研究发现,市场分割会影响所有股票,分割越多的股票的交易成本越低,执行的速度越快;市场分割会伴随更大的短期波动,但是也会有更高的市场效率,市场分割不会损害市场质量。

从负向作用而言,市场分割可能增加搜索成本,降低流动性提供者之间的竞争,从而损害流动性和价格发现效率(Yin,2005)。不过,这种分割也可能加剧交易所之间的竞争,从而降低交易成本,使得市场收益(Foucault and Menkveld,2008;Colliard and Foucault,2012)增加。

3. 知情与不知情交易

暗池交易会导致知情和不知情订单流动之间的分割。第一,在任何时点,知情交易者都比不知情交易者更可能聚集在市场的一个方向(买方或卖方)。因此,知情交易者在暗池中的执行概率比不知情交易者低。第二,在包括美国和澳大利亚的一些国家,对暗池交易地点的监管要求比传统交易所低,以此挤出包含信息量相对较多的订单流动(Boni et al.,2013)。第三,暗池交易使经纪人内化订单流更为容易。不知情订单流的逆向选择成本较低,其内化比知情订单流给经纪人带来的利润更大。因此,内化可能也会导致大量的不知情交易发生在暗池中。暗池交易中大量的不知情交易意味着传统交易所知情交易者的集中。因此,暗池交易数量的增加可能会导致传统交易所逆向选择成本和买卖价差上升。

然而,不同的理论认为知情交易的集中可能会促进或阻碍价格发现,或者对其毫无影响,这取决于一系列的因素。传统交易所不知情交易者的大量减少可能会降低获得私人信息的概率,从而阻碍价格发现(Kyle,1981,1984a,1984b,1989)。Ye(2012)认为,当知情交易者的股票能够在传统交易所和配对撮合网同时交易时,配对撮合网阻碍了价格发现,尤其是当股票的基本价值有更高的不确定性时。不过,Zhu(2014)认为,如果所有知情交易者的私人信息相同,那么传统交易所不知情交易者信息数量的减少可以促进价格发现。

五、暗池交易的发展趋势

暗池交易未来会如何发展呢？基于其成功的商业模式和监管环境的优势,暗池交易的交易量会进一步上升(以传统交易所市场份额下降为代价)。然而,长远来看,对传统交易所、电子交易网络,甚至是暗池交易而言,过于分散的股权市场结构会使得流动性不断从一个市场转移至另一个市场,这样的发展模式是不可持续的。

暗池交易最有可能的发展路径有两条。第一条路径是传统交易所业务模式一体化整合,在获取电子平台的控制权之后,传统交易所设置一种类似暗池交易的交易平台,或者传统交易所自身进一步创新交易制度以迎合投资者的不同需求。第二条路径是一些独立财团控制的暗池交易进一步发展,形成与传统交易所分庭抗争的格局,这主要是为了内部化做市商自身的订单流,避免不必要的交易费用。上述两条路径中哪一条会实现还有待进一步观察。

第四节 大数据技术对高频交易的影响

大数据技术作为一种工具正在被高频交易越来越多地使用,它具有数据规模大、变量维度高、数据结构复杂三重属性。本节研究发现：与传统高频交易相比,大数据技术背景下的高频交易不再苛求影响价格变化的因果关系,而是更加注重预测价格涨跌的准确性;与此同时,高频交易在大数据技术推动下发展模式更加多元化:从机器学习发展到学习机器、人类对机器的反馈效应更加明显、大数据技术的传染性在增强、复杂数据结构的市场脆弱性在增加、大数据技术的公平性愈加突出、跨学科合作的系统化在提升。基于此,本节提出大数据技术背景下监管机构需要在因果关系和预测关系之间寻找到新的平衡点,进而为中国金融市场高频交易提出监管建议。

一、大数据技术在高频交易中的使用特点

与工程技术和统计学中的大数据技术更多关注如何获取、处理和分析数据等完善大数据技术方法细节不同，高频交易更多关注如何将大数据技术作为一种工具用于解决实际交易问题，尤其是价格预测问题，具有数据规模大、变量维度高、数据结构复杂三重属性。因此，大数据技术在高频交易中的运用已经不局限于大数据技术本身，而是会外溢到影响整个市场的系统性风险。

1. 数据规模大

大数据技术在高频交易中从数据规模视角而言的"大"有两层含义。一是绝对规模大。典型代表是高频交易使用期货、期权市场中涉及投资者交易层面的市场微观结构数据，包括订单簿的所有变化，例如，美国期货市场单日订单簿数据量可以达到百G级别，这使得高频交易拥有足够数量的大数据技术所需的原始数据加以分析。二是相对规模大。传统高频交易的研究在选取数据时往往是抽取总体数据的一部分，常常代表性不强，大数据技术尽管依然是抽取一部分数据，但规模与所占比例会大很多，这使得传统研究中样本选择偏误等问题得到了缓解，能够更好地代表总体数据，从而提高了高频交易的预测准确性。

从中国高频交易从业者的角度而言，其使用的期货、期权市场的公开数据规模正在迅速扩大，这源于两个原因：一是随着期权的上线，数据规模会比期货高一个数量级；二是随着更多期货交易所开始推出类似逐笔数据的深度数据，而不局限于切片数据，数据规模的数量级大幅提升，使用大数据技术已经成为高频交易的必选项。从中国监管机构的角度而言，其长期积累的内部数据一直都符合大数据技术对数据规模的定义，即每个期货交易所都拥有相应产品的完整订单簿数据，数据规模非常庞大。监管机构之前对其研究和利用较为有限，随着大数据技术的发展，订单簿数据的用武之地将更加广阔，亦能为智能监管带来独特的优势和视角。

2. 变量维度高

变量维度是指高频交易中涉及的变量数量和变量关系。变量维度高

是相对于样本规模而言,可以细化为三个特点:一是变量数量庞大,即变量个数非常多,但相对应的数据规模却不大,这导致一些变量呈现出"稀疏"的特点,即数据规模不足以支撑表达变量本身的含义;二是变量关系复杂,与传统回归分析中变量之间的线性关系不同,维度高意味着变量之间的非线性关系和交互性关系占据主导地位;三是变量(数量、关系)不再用于解释价格变化,而是用于预测价格涨跌,与变量维度低时高频交易借助实证分析方法关注因果关系不同,变量维度高时高频交易使用大数据技术的目的不再是苛求因果关系,而是仅仅关注预测价格涨跌的准确性。

在中国之前金融市场高频交易的监管实践中,变量维度高的问题并不常见,原因有以下两点:第一,传统监管往往都是基于交易层面的数据,这些数据的特点是每个变量都随着时间和交易的进行而不断产生新的数值,因此变量稀疏的问题并不多见。但随着大数据技术的发展,越来越多的高频交易开始使用类似淘宝、股吧、互动易平台等非交易层面的数据,这些变量则面临严重的高维度问题,需要监管机构高度关注。第二,传统监管使用的模型本质上更接近线性模型,很少考虑非线性关系,而随着期权等非线性产品的增多,单纯的线性模型已经无法满足对风险的刻画,因此非线性等高维度问题成为监管机构必须面对和解决的监管难题。

3. 数据结构复杂

在大数据技术背景下,高频交易使用的数据不再是以传统的行—列格式呈现的、结构化后的数字数据,而是包括了诸多非结构化数据如文本、图片、音频、语音和视频等。非结构化数据必然是高维度的,且可以度量出结构化数据无法刻画的经济活动,极其具有交易价值。高频交易处理数据结构复杂的数据的第一步是从非结构化数据中提取特征,这通常需要借助机器学习(特别是深度学习)和计算机科学的诸多研究进展。例如,高频交易的研究员可以使用自然语言处理技术(NLP)从文本、图片中提取信息,使用语音识别技术从音频、语音中提取信息,使用计算机图像识别技术(VC)从视频中提取信息,这些信息都成为新的用于分析和预测的变量。

在中国之前针对期货市场高频交易的监管实践中,绝大部分监管处罚是基于交易数据,即结构化后的数字数据,真正用到文本、图片、音频、语音和视频等非结构化数据的并不多见,而随着高频交易策略愈发多元化、高频交易品种日趋复杂化,特别是对于高频交易的舆情监控范围日益扩大,势必有更多文本、图片、音频、语音和视频需要被纳入监管范畴,此时监管也需要使用大数据技术去处理这类数据结构复杂的非结构化数据,最终实现智能监管。

二、大数据技术对高频交易盈利模式的改变

传统高频交易的盈利模式本质是希望能够发现影响价格变化的原因,并基于这个因子构建交易策略,因此高频交易极为重视使用实证分析方法来研究因果关系问题,即究竟是什么因素导致了价格的涨跌,这种盈利模式的逻辑是清晰的。而大数据技术则更多采用机器学习方法来处理预测能力而不是因果关系问题,即不苛求价格源于什么因素而改变,只需要提高预测价格涨跌的准确性即可,而这种盈利模式的逻辑是模糊的。因此,与传统实证分析方法追求样本内有效性不同,在大数据技术中,样本外预测能力更为重要,这不仅仅是高频交易在研究方法上的技术变革,更是盈利模式的改变。然而,大数据技术背景下高频交易不在乎因果关系而只在乎预测能力的盈利模式的模糊性,为监管机构实行有效监管带来了严峻挑战。

1. 因果关系在某些情形下变得不再重要

因果关系在传统高频交易的研究中具有非常重要的价值,然而,在大数据技术背景下,并不是非要识别出因果关系才算是一个有价值的、对交易有帮助的研究。例如,高频交易希望对政府出台的经济政策进行套利时,只要这个经济政策和未来的经济状态高度相关,高频交易对此有一个简单的预测即可,而不用非要了解经济政策改变经济状态的原因。再如,已有研究利用夜间灯光变化的数据来预测叙利亚战争状况和后果,这不仅为人道主义救援提供了参考,还为高频交易在叙利亚金融市场提前布局提供了参考,而夜间灯光变化明显不是叙利亚战争状态改变的原因。因此,在高频交易看来,大数据技术中通过预测、分类、机器学习等方法得出的结论,即便是非因果关系,也往往具有很高的价值并以此形成交易策略。

有趣的是，甚至从监管机构的角度而言，极少数情况下的因果关系也不是那么重要，最典型的案例就是风险预警机制。例如，当监管机构发现诸多表象因素发生变化时，高频交易使用期货/期权出现市场操纵风险的可能性增加，此时并不需要明确知道究竟是高频交易的哪个环节导致产生了市场操纵风险，只需要知道此时预测市场操纵风险的准确性提高即可，故监管机构可以先处置好风险，再去详细排查到底是高频交易的哪个环节出现了问题，此时又需要明确的因果关系了。因此，对于监管机构而言，即便可以在某些环节借助大数据技术，忽视因果关系，进行监管预判，但最终的监管处罚依然需要明确的因果关系。

2. 因果关系的识别更加困难

在传统高频交易中，因果关系是清晰的，而大数据技术会让因果关系识别变得更加困难。例如，高频交易在使用大数据技术处理文本数据时，其基本思想是将高维的非结构化数据映射到低维的结构化数据上，由于这种映射函数并不是唯一的，从而可能会产生两个问题：识别问题和过拟合问题。第一，识别问题。产生识别问题的根本原因在于映射函数不稳定，其实质相当于从文本大数据中构造出一些准确率并不高的指标，然后纳入传统的因果关系分析框架，这就产生了测量误差。第二，过拟合问题。产生过拟合问题的根本原因是映射函数过于完美，它往往穷尽训练集数据中的各种细节和噪音，而由此得到的变量关系无法推广到一般情形，从而产生虚假的因果关系。

对于高频交易从业者而言，这种因果关系识别困难会带来风险。例如，当高频交易从外部机构采购风险监控软件时尤其需要警惕此类问题，因为第三方软件由于知识产权问题不可能真正披露模型计算的全过程，当遇到各种机器学习模型嵌入其中时，高频交易自身也无法真正了解预警指标背后的原因和逻辑，而只能根据预警结果作出判断。对于监管机构而言，这种因果关系识别困难会为监管执法带来巨大的挑战。例如，即便监管机构使用大数据技术提前预知到风险，但仍无法明确究竟应该提前终止哪个风险因素；退一步而言，即便监管机构能够在事前及时处置风险，但在事后的监管处罚中，这种无法明晰因果关系的处罚仍会带来一系列执法困难和执法风险。

3. 因果关系的发现缺乏可解释性

即便高频交易在利用大数据技术过程中突破了难以识别的因果检验，发现了所谓的因果关系，但却常常发现大数据技术发现的因果关系是难以解释的。例如，机器学习中的神经网络，看上去因果关系明确，输入是因，输出是果，然而，神经网络的计算过程类似一个黑箱，高频交易的研究人员仅仅知道黑箱的输入和输出，而对于黑箱内部的复杂运算究竟是如何进行的不得而知。因此，可解释性较差会给高频交易使用大数据技术发现的因果关系的解释带来很大的干扰。

如果说高频交易从业者可以退一步，不在乎因果关系，只需要在乎预测准确性，但监管机构不能只关心预测，必须知道清晰的因果关系，这样在监管执法中才能处于主动地位。否则，一旦市场出现风险，监管机构却发现由于大数据技术的使用根本无法找到这个风险的真正原因，更不用说对具体的大数据技术的使用者给予处罚了。因此，难以解释的因果关系对于监管机构而言是无法真正用于监管执法的。

三、大数据技术对金融市场高频交易生态环境的改变

大数据技术对高频交易从业者和监管机构的影响才刚刚开始，并且不会局限于高频交易自身业务，而是会影响到高频交易的上下游产业，甚至是整个市场的生态环境。

1. 从机器学习发展到学习机器

目前，高频交易使用的大数据技术绝大部分是在关注机器学习如何应用于预测价格涨跌，这本质上也是在分析人类在金融市场中的交易行为。而随着越来越多高频交易特别是以高频交易为代表的机器直接参与市场交易，会有更多的人类和机器开始研究已经参与其中的机器是如何交易的，并因此开发基于机器交易逻辑的交易策略，这就实现了从机器学习到学习机器的模式转变。

一旦金融市场中交易对手之间的博弈从人类和人类演变为人类和机器，最终走向机器和机器，金融市场结构将会发生颠覆性的改变，因为机器

自我迭代算法的时间会远远快于人类,这需要监管机构适度控制这种演进速度和节奏,同时做好自身的智能监管体系的构建。例如,2021年中国私募证券投资基金管理规模迅速扩张,从2020年底的3.77万亿元增长到2021年底的6.1万亿元,百亿级别的公司个数从2020年底的62家增长到2021年底的98家。然而,与之相对应的基金绩效却没有同步增长,诸多以高频交易为主的私募证券投资基金的绩效较差,主动限制管理规模增长,纷纷向投资者道歉等等。究其原因,大部分高频交易是在股票市场做变相T+0,在期货市场进行对冲,而此类策略市场容量极为有限,流动性支撑有上限,市场已经呈现出高频交易和高频交易之间互相交易的情形,这就是机器和机器之间的博弈,此时需要监管机构适度限制高频交易规模的快速增长,关注交易策略同质化问题。

2. 人类对机器的反馈效应更加明显

一旦机器成为决策者,市场中的人类会随之改变他们的决策吗?学者研究发现,当更多机器直接分析上市公司信息时,由于机器分析的频率加快,使得上市公司管理层会选择"短平快"的投资项目,以期尽快实现利润和股价提升,从而迎合机器分析信息的频率。因此,不仅机器会影响机器,人类开发的机器还会反过来影响人类的交易行为,这就实现了人类对机器的反馈效应,这是大数据技术带来的新的监管挑战。

更为重要的是,之前高频交易的影响往往局限于交易本身,而随着大数据技术的使用,越来越多的高频交易会直接影响实体上市公司的投资和融资行为,这就使得金融市场和实体经济的联系更为紧密,而当高频交易持有庞大的衍生品头寸时,高频交易出现问题会带来连锁反应,风险传染的可能性和速度在快速增加。因此,股票市场和期货市场的监管机构需要实现更加高效的监管协同和统一监管。

3. 大数据技术的传染性在增强

虽然高频交易使用大数据技术能够提供更多的信息和分析视角,但值得谨慎的是,有时并不是信息越充分、技术越复杂,对市场发展就越好。学者研究表明,大数据技术会使得媒体信息迅速传播,而其中一些未经证实的信息会使得上市公司的股票价格脱离基本面很久,而高频交易会进一步加大这种偏离。因此,大数据技术对市场中不同信息和不同参与者的异质性影响是值得监管机构重视的方向。

与此同时,学者研究表明,虽然单个高频交易的风险事件难以直接导致市场崩溃,但有可能成为一系列连锁反应的导火索,其传染性极强,尤其当期货市场中存在大量采用类似的趋势跟踪策略的交易,特别是高频交易时,单个高频交易问题带来的风险会迅速蔓延到不同市场,进而影响整个市场的系统性风险。因此,监管机构尤其需要关注市场联动后引发的系统性风险,协调多个市场监管机构的行动,制定跨市场联动的监管措施,守住不发生系统性风险的底线。

4. 复杂数据结构的市场脆弱性在增加

大数据技术使得高频交易的研究人员能够使用自然语言处理(NLP)从非结构化的文本数据中提取信息,甚至分析结构更复杂的数据,如图像、音频、语音和视频等,这些增量信息对市场效率有明显的促进作用。例如,已有研究发现上市公司管理层的声音包含公司基本面的信息,语言内容可以传递增量信息;卫星图像可以用于预测大宗商品的资产价格。这些技术对于监管机构而言同样重要,监管机构可以利用大数据技术构建一整套完整的智能监管系统。

然而,大数据技术毕竟属于信息技术领域的革新,其特征是信息技术越复杂,其稳定性越差。例如,我们在用苹果手机的时候常常划不开屏幕,也特别担心手机摔碎了,而二十年前大多数人使用老式诺基亚手机的时候,戏称这是一款石头手机,因为它似乎不怕摔打,也极少出现什么差错。因此,信息技术进步给人类带来快捷、方便、多功能的同时,不可避免会带来稳定性降低,即脆弱性增加,而这种脆弱性对于监管机构而言则是致命的,因为它会比之前任何时候都可能更快地影响整个市场的系统性风险,因此监管机构在构建监管系统智能化的同时需要特别关注其安全性。

5. 大数据技术的公平性愈加突出

从监管机构的视角而言,大数据技术带来的算法和数据公平性问题愈发重要。例如,以最典型的高频交易为例,基于大数据技术的高频算法和高频数据需要建立公平的信息披露制度,使得监管机构可以做到知晓风险、控制风险。例如,美国商品期货交易委员会(CFTC)2010年6月11日发布托管服务监管提案,以保证市场公平,内容包括:对愿意付费的所有合格投资者提供托管服务;不可以为了阻止某些市场参与者进入而制定过高费用;时滞公开透明,公布最长、最短和平均时滞;如果托管服务由第三方提供,交易所必须获得足够的与市场参与者系统和交易有关的信息,以便履行监管职责。

6. 跨学科合作的系统化在提升

对于高频交易而言,无论是一线从业者,还是监管机构,未来在大数据技术方面的工作需要面对更多来自其他领域的研究专家。例如,从设备角度而言,研究人员需要建设超级计算中心;从研究团队角度而言,研究人员需要通过与数学、统计学、计算机科学领域的学者合作克服高维度和复杂结构的挑战;从研究方法角度而言,自然语言处理、语音识别和计算机视觉(CV)能够帮助研究人员解析文本、音频、语音和视频数据;从数据来源角度而言,研究人员需要选择与更多、更广泛领域的数据供应商合作,例如,摩根大通可以提供卫星照片、情绪测量和信用卡使用等服务。因此,当多学科融合之后,针对大数据技术背景下的高频交易监管模式将不再是单打独斗,而是需要形成一个系统化、智能化的监管体系。

四、大数据技术应用于金融市场高频交易监管的现状

从海外金融市场监管视角而言,大数据技术在高频交易监管中使用已经非常普遍,贯穿于交易、结算、监察与研究的各个方面。海外目前最大的监管争议在于什么情况下用传统方法进行监管,什么情况下用大数据技术进行监管,即从监管角度而言,并不是技术手段越复杂,效果越好。例如,大数据技术中较多使用了机器学习方法,学者研究的结论是:针对单一资产,机器学习并没有体现出比传统线性回归更加优良的解释力和预测力,传统的 VIX、VPIN 等指标都还有用,但如果是分析多个资产,特别是不同资产联动时,机器学习则体现出更加优良的效果。

从中国金融市场监管视角而言,目前大数据技术应用于高频交易监管的经典场景和典型方法如下:一是关联账户分析与监管辅助决策。即运用数据挖掘、知识图谱等人工智能技术强化智能化监管，包括多维度画像、关联账户分析、内幕交易分析识别、分交易周期的客户热力分析等，同时结合穿透式监管等多维度信息，对市场各个层面展开网络递推式分析，进而有效分析客户交易行为，强化异常交易智能识别能力。二是基差预测系统。即利用机器学习算法，提取基差历史数据及不同客户群体在期现货市场上的交易行为，开展数据分析，预测基差未来走势。三是物联网监控体系。即通过界定交割仓库的指标评价体系，借助物联网监控技术，有效降低交割风险。四是舆情分析系统。即利用网络爬虫、文本挖掘等计算机技术，开展智能舆情分析研究，提高期货交易所对舆情的分析和掌控能力，尤其是对事件的识别和分析能力。五是区块链技术研究。即在场外市场的交易与结算、客户保证金计算等方面探索区块链技术的使用前景与监管应对。

无论是海外市场还是中国市场，目前大数据技术应用于高频交易监管最大的挑战就是如何在因果关系和预测关系之间找到合适的监管平衡点，这是大数据技术背景下监管变革需要明确的方向。

五、大数据技术背景下中国金融市场高频交易监管的建议

大数据技术已经并将在未来很长一段时间影响海外和中国金融市场中高频交易的发展模式和生存状态，监管机构需要在因果关系和预测关系之间寻找到新的平衡点，本节结合上述分析提出以下六点监管方面的政策建议：

第一，建立中国金融市场大数据技术的监管标准，特别需要构建完善的监管体系。首先，明确大数据技术在金融市场中的数据规模、变量关系和数据结构等技术特征，并以此作为监管对象和标准；其次，由于大数据技术需要多部门、多学科的配合，监管机构可以建立专门机构或协调小组进行监管，明确各个部门大数据技术监管的目标、对象、预期效果；最后，规范数据搜集的范围、标准、流程，确定大数据技术的方法与绩效评估机制，并对大数据技术监管流程进行文档化记录，以便于事后的研究、核验

与评估。

第二,重视大数据技术中因果关系的分析,并在其与预测关系的分析之间取长补短。大数据技术背景下,高频交易不再苛求因果关系而是重视预测准确性,监管机构可以借鉴大数据技术改造监管系统形成预判。然而,监管机构不能只关心预测,必须知道清晰的因果关系才能在监管执法中掌握主动权。否则,没有明确因果关系的监管预判将会给后续监管执法带来困难,造成无人承担责任、找不到明确处罚对象的监管困境,在因果关系和预测关系之间取长补短、寻找到新的监管平衡点是关键。

第三,重新思考高频交易中人类与机器的关系,警惕中国金融市场出现机器与机器之间互搏的情形。随着越来越多的高频交易从业者基于大数据技术进行机器交易,中国金融市场报单延迟时间大大缩短,单位时间内挂单、撤单、交易次数均快速增加。因此,订单簿数据维度的快速提升迫切要求监管机构通过大数据技术进行综合分析,厘清以高频交易为代表的机器对行情涨跌、交易公平性等的影响,特别需要警惕当高频交易泛滥发展之后,金融市场出现高频交易之间互相博弈的情形。

第四,关注中国金融市场高频交易的风险传染效应,切断其影响系统性风险的渠道。高频交易使用大数据技术渐趋广泛和成熟,此类策略的风险是策略趋同性强和风险联动性高,即"一荣俱荣、一损俱损"。金融市场中的高频交易也会直接影响股票市场中上市公司管理层的实际投资和融资行为,期货市场和股票市场的联动性愈发加强。因此,当单个高频交易出现风险事件时,监管机构需要及时反应,采取措施阻断其传染链条,以在不影响市场正常秩序的情形下,预防其蔓延影响到整个市场的系统性风险。

第五,利用大数据技术加快实现中国高频交易监管的数智化,实现网络化的监管模式。大数据技术带来的智能化能力提升是未来趋势,高频交易之间、高频交易与监管机构之间的博弈已经从"直觉的、感知的、无意识、习惯性"网络过渡到"逻辑的、认知的、有意识、可解释"网络,而网络连接极易形成市场操纵和风险联动,特别是极端市场情形下的风险传染效应。当高频交易者网络化之后,监管机构需要更加数智化才能对市场进行有效监管,重点分析高频交易的网络连接,通过大数据技术提前预判和防范高频交易可能对金融市场带来的风险。

第六,利用大数据技术建立中国金融市场高频交易风险预警的指标体系,在因果关系和预测关系之间寻找新的平衡点。监管机构可以在保留传统方法因果关系明晰的基础之上,利用大数据技术预测性强的优势,通过对海量低价值密度数据的整合,提炼传统分析难以捕捉的风险因素,根据不同的风险级别建立相应的风险应急措施,增强监管措施的前瞻性、有效性与精准性,并在此基础上建立大数据技术背景下高频交易影响金融市场特别是跨市场风险联动预警体系,进而降低其影响整个市场的系统性风险的可能性。

思考题

1. 交易模式可以分成哪几类?
2. 做市商的交易模式有什么特点?
3. 做市商对市场效率有哪些影响?
4. 什么是暗流资金与"暗流机制"?
5. 配对撮合网络和暗池交易有哪些异同点?
6. 大数据技术对高频交易的影响有哪些?
7. 如何理解经济学中因果关系和相关关系之间的矛盾?

视频资源

1. 做市交易策略
2. 方向交易策略
3. 偏差交易策略
4. 事件交易策略

第七章 高频交易的典型策略

本章重点介绍高频交易各种独特的区别于传统投资方法的典型交易策略实例。

第一节 投机交易策略

2015年6月,中国股票市场发生了一次异常波动,在短短一个月的时间里,上证综指从5000点下跌至3000点左右才算稳住。这次异常波动的原因有很多,比如场外杠杆的不当使用、市场泡沫的长期集聚、多头监管的信息流通不畅等,其中有一条是针对高频交易的,认为异常波动之所以能够在这么短的时间内发生,正是归因于高频交易的投机行为,起到助涨助跌的作用。

什么是投机呢?当交易的时候,买入之后等待价格上涨再卖出,或者卖出之后等待价格下跌再买入,除此之外,不再做任何辅助交易,这就是投机。简单总结:赌方向的交易就是投机。所以,从这个意义来看,投机和投资的界限是非常模糊的。高频交易的投机交易有两种,一是订单预期交易,二是事件交易。

高频交易的第一种投机交易——订单预期交易,和我们在宏观金融世界观察到的很多投机交易非常相似:如果预期将来一只股票的价格要上涨,就买进;如果预期未来股票的价格会下跌,就卖出。但不同之处在于,高频交易持仓时间非常短,仅仅是寻找超短期之内的交易机会,所以高频交易往往基于订单流动信号进行交易。这是一种非常特别的、专属高频交易的投机交易,其基于的思想并不是对于金融资产本身内在价值的判断,而是对于交易对手的判断。此时的高频交易会将以基本面分析为主的传统机构投资者作为自己的交易对手。

我们举个例子看一看订单预期交易是怎么实现的。假设当前的市场最优卖价即卖一价是 10 元,最优买价即买一价是 8 元。此时,市场出现一个委托量非常巨大的买单 7 元,买量有 1 万手。如果出现这样一种情形的话,那么判断未来一段时间市场会上涨还是下跌呢?一般情况下,这说明市场有一个需求量非常大的潜在买家,且买家的买入意愿非常强,因为他在 7 元挂了 1 万手的买入委托量,一旦无法成交的话,他还会往更高的价格上挂买单。所以,几乎所有人在这个时刻都会意识到,市场在未来一段时间将会上涨。

此时的高频交易会怎么办呢?它会第一时间挂出买单和当前的最优卖价成交,也就是吃掉了 10 元的最优卖单。从盈利的角度来看,相当于掏出去了 10 元,即负 10 元。任何一个交易有买,还需要有卖。高频交易在完成买入交易动作后,会非常迅速地挂一个卖单,比如 11 元。因为市场中的 10 元最优卖单已经被高频交易成交,不存在了,此时市场最优卖价就是此时高频交易挂出的 11 元。未来一段时间,市场因为存在 1 万手的 7 元买单,将会出现上涨,所以 11 元的最优卖单很快就可以成交。这意味着高频交易卖出获得了 11 元,即正 11 元。因此,高频交易一买一卖的盈利是负 10 元加上正 11 元等于正 1 元。

我们反思一下高频交易的这种投机交易——订单预期交易。当它观察到市场有一个委托量非常大的买单时,它以非常快的速度吃掉市场的最优卖单,同时又很快地挂出自己的卖单。在这个过程中,高频交易其实对于基本面没有任何判断,它并没有利用基本面的任何信息,只是通过订单之间的偶合关系来判断未来市场可能有一个巨大的变化,以此进行自己的买卖。

因此,高频交易在整个订单流的处理过程中会有一些穿梭,在穿梭的过程中,它发现了一些所谓的投机交易机会,而这些交易往往是牺牲了低频的、长期的投资者的利益。可以设想,如果作为一个养老基金的基金经理,那么其持仓周期会非常长,可能会判断股票在 100 元时才选择卖出,所以对于 10 元买进还是 11 元买进,本身并不是特别在乎。高频交易正是利用了这个心理来进行短期操作,赢得了一个微小的利润。

更为重要的是,从全市场的影响来看,订单预期交易会让买家想买的价格越来越高、卖家想卖的价格越来越低,从而加剧市场趋势的延续——助涨助跌,这也正是高频交易的这种投机交易在中国股票市场 2015 年异常波动中扮演的角色。因此,高频交易的订单预期交易是一种差的、降低市场效率的投机交易。

那么,是不是所有高频交易的投机行为都是不好的呢?我们来看高频交易的第二种投机交易——事件交易,即高频交易会以电子方式解析新闻、公告、宏观经济等信息,依据信息推断的方向进行交易。

我们来举一个简单的例子。假设一家公司之前的股票价格是平稳的,在 A 点。它突然出现了一个非常利好的消息,按照传统金融学的分析,它的价格应该立刻上升到 B 点,并且从此以后稳定在 B 点。也就是说,市场在 A 点充分地反映了利好的消息,并且立刻上涨到了 B 点,从而形成了一个完整的事件过程。但是,真实的金融市场往往并不是这样。比如说一个公司要展开并购,在利好事件出现之前,会发现价格已经开始上涨。在消息公布这一天,价格往往会过度反应,然后再慢慢回落到正常水平。所以我们可以看到,从 A 点到 B 点的直线是理论上认为资产价格应该走的过程,但真正的资产价格的行走过程,反而是一条曲线。

如果价格真的是按照直线走的话,在 A 这一刻瞬间反应到 B,那么投资者是没有交易机会的。但是如果价格是曲线的话,势必会产生时间差,投资者就有交易机会了。正是因为市场不是那么有效,总是在事件之前进行提前反应,而在事件之后又有过度反应,使得事件交易机会出现,此时高频交易更能够把握住这样的交易机会。有趣的是,如果在高频交易的放大镜下看,此时市场的波动会变得更为剧烈,买卖机会也会变得更多。所以,高频交易在事件交易里会寻找到一些有针对性的词汇,比如提高、更高、增加,这代表事件利好,它会买进。相反,如果它发现降低、减少、更少这样的词汇,它就会卖出。

因此,从事件交易的角度而言,高频交易其实和传统的投机者并没有什么区别。它们都是根据一些信号来决定自己是买进还是卖出,只不过高频交易利用自己的计算机技术,可以进行一些额外的所谓文本分析,特别是利用计算语言学和自然语言处理技术,使得我们原本用人眼去阅读一行字需要几微秒、几毫秒来反应,而高频交易只需要几纳秒就能作出反应,并且完成交易。事件交易过程中的高频交易,往往是让价格变得更加有效,因为它让信息更快地进入市场,市场效率得到提升。所以,高频交易的事件交易是一种好的提高市场效率的投机交易。

综上所述,高频交易的投机行为带来了中国股票市场异常波动期间的快速下跌,这仅仅是其中的订单预期交易带来的,还有一类投机行为是事件交易,它会让市场信息更快地进入价格。因此,对于高频交易的投机行为而言,我们应该限制降低市场效率的订单预期交易,而鼓励提高市场效率的事件交易。

第二节　套利交易策略

在经济学中,经常会说天下没有免费的午餐,那么,在金融市场中,会有免费的投资机会吗?我们在平时买基金产品的时候,或许遇到过这样的基金产品,它说自己的盈利可以独立于市场行情,也就是无论市场价格涨跌,它都可以盈利,这种基金产品策略常常用到的就是套利交易,这就是一种近乎免费的投资机会。

与投机行为单纯赌价格方向不同,套利交易的核心一定是同时买入和卖出同一个金融产品,相当于买卖两边同时操作,是利用市场价格在形成过程中的短暂不平衡获利。高频交易的套利行为与传统套利行为相似,都试图通过捕捉不合理的价格差异获利。不同的是,高频交易套利行为的套利能力得到了极大的提高,这主要通过更快的信息传输速度和订单执行效率,这种与市场间的高速链接使得高频交易套利行为比以往更快地完成开仓、平仓操作,因此尽量降低了其所持资产由于价格偏差扩大而产生的潜在交易风险。

我们可以看一个高频交易套利行为的案例。高频交易套利行为在ETF中应用十分普遍。如果标普500ETF的价格超过了标普500指数的一揽子股票的价格,那么高频交易套利行为在评估交易和融资成本之后,会选择卖出标普500ETF并同时买入标普500指数的一揽子股票，直至价格收敛。此类套利策略对市场是有利的，因为它保证了ETF的价格能够准确反映标的资产的价格，从而确保投资者可以随时在正确的价格上进行交易。因此，在ETF套利策略的作用下，ETF价格产生偏离至其消失的时间通常少于1分钟。

更有意思的是，高频交易套利行为具有赢者通吃的特征，如果某一高频交易套利行为总是比其他交易者速度快，它就能在第一时间发现价差套利机会并将两种交易工具的价差重新拉回到合理区间，其他交易者哪怕只慢一步也不会获得这种交易机会。

高频交易套利行为更为重要的功能是连接了美国"分割"的股票市场结构，起到了市场基石般的重大的基础性作用。那么，什么是"分割"和"集中"的股票市场结构呢？

在中国股票市场，有两个股票交易所，即上海证券交易所和深圳证券交易所。比如，在上海证券交易所买入西部黄金这只股票，那么只能在上海证券交易所卖出，而不能到深圳证券交易所卖出。所以，中国股票市场是封闭式的，买卖只能发生在同一个交易所，我们称这样的股票市场结构为"集中"的市场结构。

有意思的是，美国股票市场结构却是"分割"的。它有30多个交易场所。在这些交易场所，可以自由地买卖同一只股票。比如，在纽约证券交易所买进阿里巴巴这只股票之后，既可以在纽约证券交易所卖出，又可以在纳斯达克等其他交易场所卖出。所以，阿里巴巴这只股票在全美有30多个交易场所都可以完成交易。我们称这样的股票市场结构为"分割"的市场结构。

若可以在任何一个交易场所买进或者卖出股票，就会产生一个问题。比如，在纽约证券交易所阿里巴巴这只股票卖10元，但是在纳斯达克却卖9元。那么，这时如果想买进阿里巴巴这只股票，成交价应该是多少呢？在美国股票市场，有一个规则，即NBBO原则。在该原则下，如果在美国股票市场去买一只股票的话，不管在哪一个交易场所发出买入指令，最后买到的股票的价格一定是全市场最便宜的。

我们看这样一个订单簿的例子。有三个交易所，交易所一、交易所二和交易所三。交易所一的最优买价是 1.00 元，最优卖价是 1.08 元；交易所二的最优买价是 1.01 元，最优卖价是 1.10 元；交易所三的最优买价是 0.99 元，最优卖价是 1.06 元。我们先从最优买价的角度出发，会发现最低的最优买价出现在第三个交易所即 0.99 元，而最高的最优买价出现在第二个交易所，也就是 1.01 元。我们再从最优卖价的角度出发，最高的最优卖价出现在第二个交易所，也就是 1.10 元，最低的最优卖价出现在第三个交易所，也就是 1.06 元。

根据 NBBO 原则，如果在这样的交易场所内进行交易，不管在交易所一、交易所二还是交易所三发出买单，最后得到的成交价格一定是这三个交易所中最低的最优卖价，也就是 1.06 元。同样的道理，如果在这样的交易场所内发出自己的卖单，不管是在哪个交易所发出卖单，最后的成交一定是在第二个交易所，也就是最高的最优买价 1.01 元。

在纽约证券交易所发出的买入指令怎么传到纳斯达克呢？这个过程中，整个美国股票市场会完成交易指令的传送过程，我们把这个过程称为 NBBO 保护。同样的道理，如果想卖一只股票，不管在哪一个交易所发出卖出指令，都一定能够在全美国市场的交易所中得到最好的一个买家，也就是成交价格最高的一个买家。

这样一种股票市场结构的安排看上去非常合理，一方面，交易所之间可以互相竞争，提供最好的服务；另一方面，交易商总可以拿到最理想的价格。然而，有没有可能出现这样一种"占便宜"的现象？纳斯达克的阿里巴巴股票非常便宜，而纽约证券交易所的阿里巴巴股票非常贵，于是交易商很快跑到纳斯达克去买进，然后在纽约证券交易所卖掉，在这个过程中就套取了利润。但问题是，价格明明白白写着的，谁都想去套利，这时就要比谁跑得更快了，那么，谁能够做到更加快速地买进卖出呢？——正是高频交易。

同样，执行套利交易的高频交易具有"赢家通吃"的性质，如果一个高频交易始终比其他任何市场参与者的速度快，它将能够迅速买下所有被错误定价的阿里巴巴股票并卖出错误定价的阿里巴巴股票，从而使速度稍慢的交易商再无交易机会。

自此,高频交易在美国 30 多个交易场所之间不断地进行套利交易,以发现这样的价格机会,从而让阿里巴巴这只股票在美国 30 多个交易场所不再被分割,成为一片连通的水域,几乎呈现一个价格,这就使得高频交易套利行为不仅仅是"占便宜",而且对市场形成统一价格做出巨大贡献。

但有的时候,高频交易的这种套利行为也会"开小差",当极端市场行情出现时,越来越多的投资者选择在"最近距离"还不是"最优价格"的交易所成交,此时高频交易再好的套利交易也无力回天了,所以这种"分割"的市场结构到底好不好还是有争议的。

第三节　返还交易策略

我们在生活中一定听过所谓"烧钱"的经营模式,比如很多电子商务平台,包括京东,在初始的那些年,年年亏损,因为它花了大量投入在品牌建立、物流重塑和客户积累方面。那么,如果不是经营实体经济,而是在虚拟的金融交易世界,是否也存在这种"赔钱赚吆喝"的交易模式呢?存在,这就是高频交易里的返还交易。

返还交易的目的并不是通过交易的低买高卖的价格盈利,而是通过交易量获得手续费返还,其本质是把虚拟世界带"赌博"性质的价格交易变成"提供平台服务"的一门生意。

什么是手续费返还呢?我们平时在交易股票的过程中,不管是买入还是卖出,只要有成交,产生交易量,都需要向股票交易所缴纳一笔手续费,俗称我们的交易成本。如果我们的交易量非常巨大,手续费本身也会是一笔不小的费用。不仅在海外金融市场,在中国市场也有手续费返还,特别是期货市场,每年期货交易所都会给期货公司提供手续费的返还。

有意思的是,在美国市场,有一些交易者,甚至一些做市商,其本身交易的目的就是获得手续费返还。比如一个做市商,它在交易过程中,亏损了 1 元,但是它贡献的交易量如果能够获得 2 元手续费返还的话,它就会专门为了手续费返还而进行这些亏损的交易。

为什么交易所会鼓励投资者进行亏损的交易，同时又给其手续费返还呢？这是因为在整个交易过程中，市场是非常需要流动性的。所以，一个投资者如果提供了流动性，即便交易是亏损的，交易所认为这样的行为也值得鼓励，所以它会给这类投资者手续费返还。特别是对做市商而言，它们都已经是高频交易，因为能够获得手续费返还，所以愿意承担更多的做市功能，或者说提供流动性的职能，而这个职能能够让更多的低频、慢速投资者迅速达成交易。

我们可以通过订单簿来看一看返还交易的实现过程。市场中，最优卖价即卖一价是 1.02 元、委托量是 20 手，最优买价即买一价是 1.01 元、委托量是 20 手，最优卖价之上依次是卖二价 1.03 元、卖三价 1.04 元；最优买价之下依次是买二价 1.01 元、买三价 0.99 元。此时的市场没有任何交易发生，因为最优买价 1.01 元低于最优卖价 1.02 元。

什么叫做提供流动性呢？假如在这样一个市场中，挂了一个 1.01 元的买单，买单就会停在 1.01 元这个位置，如果委托量是 1 手，这时最优买价的委托量就从 20 手变成了 21 手。在这个过程中市场没有发生任何成交，但是让最优买价 1.01 元的位置多了 1 手的委托量。于是，我们把这样的行为称为提供流动性。简单来说，如果订单指令留在了订单簿，而没有和订单簿的任何一个订单成交的话，称之为提供流动性。

什么叫做消耗流动性呢？依然是这样一个市场，如果发出了一个 1.2 元的买单，会立刻与 1.02 元的卖单成交，成交价是 1.02 元，同样委托量也是 1 手。如果这种情况发生，会发现在 1.02 元位置的 20 手就会减少 1 手，因为被成交了，变成了 19 手。我们将这样的行为称为消耗流动性。简单来讲，如果订单到达了订单簿之后，与其中的任何一个订单成交，让该订单从订单簿消失了，就是消耗流动性。

站在交易所的角度，它希望市场中提供流动性的人越多越好。因为只有提供流动性的人越多，新来的人进行交易的时候，才会有越多的选择。如果大部分人都在消耗流动性，那么整个订单簿里的买价和卖价会非常快地全部消失。如果买价和卖价全部消失的话，自然，整个市场也就不存在了。所以，交易所非常不希望看到消耗流动性这样的行为，而是希望看到

第七章 高频交易的典型策略

提供流动性的行为。

如果你是高频交易,虽然交易过程中的买入和卖出价格本身是亏损的,比如在上面这个市场,你挂了一个1.01元的买单,同时又挂了一个1.01元的卖单。你本身交易肯定不赚钱,但是因为你提供了流动性,所以交易所会给你返佣。也就是说,交易所不仅不收你买卖各一次的手续费,还会因你提供流动性而给予奖励,你最后依然是可以盈利的。这就是基于手续费返还的交易策略。这样的交易策略不仅在美国市场上可以实行,在中国市场也可以实行。

在美国市场,特别是在对提供流动性的高频做市商的手续费返还方面,交易所一般会部分或全部返还因履行做市义务而产生的交易费用。一般而言,对于新上市的金融资产品种的交易费用返还比例较高,成熟金融资产品种的交易费用返还比例则与做市商的最优报价比例、连续报价时间、成交量等反映其参与市场深度的指标挂钩,以鼓励做市商在市场中发挥更积极的作用。

在中国内地市场,期货交易所每年都会给期货公司返佣,而期货公司也会让渡一部分利润给提供巨大交易量的高频交易;在中国香港市场,对于高频交易做市的成交量有固定的佣金返还规定;在中国台湾市场,对于高频交易的做市行为更侧重于激励,特别是对于期货和期权产品,不仅有固定的一笔返佣金额,还会在交易费用返还的比例上有所体现。

从根本上看,返还交易主要通过做市策略实现。即便有些高频交易没有做市商资格,它们也会采用这种类做市策略实现手续费的返还。而做市策略的核心是通过提供最小的买卖价差进行竞争,做市提供买卖价差的能力取决于其能否及时获得股票市场供需情况的最新信息,并以此作出相应的价格调整。因此,高频交易的返还交易策略,本质上并不是在交易的价格上获得盈利,而是通过交易量获得交易所的返佣,而这个过程中它客观上能够起到好的作用,即给市场提供了非常好的流动性,让其他投资者能够顺利实现交易。

第四节 闪电交易策略

在美国金融市场,很多资产管理规模特别大的养老基金或保险基金的交易员发现一个奇怪的景象,比如看到一只股票是10元,于是就按照10元价格去买,但是,等到他们的买入指令到达交易所之后,屏幕上的10元消失了,变成了11元,没有办法,他们只能提高到11元再去买,但是等到他们发出11元的买单之后,发现11元的订单也没有了。于是,他们不得不一而再、再而三地提高自己的买价,直至能够成交。那么,为什么很多传统的、非高频交易的交易员都发现自己难以按想买的价格买到呢?

这是源于闪电交易的第一种策略,叫做快速交易。快速交易的原理是:如果一个传统机构投资者逐步收购如IBM的股票,高频交易可能通过确认几分钟之内的大额买单顺序敏锐嗅出,从而提前购买IBM的股票,推动价格上涨,这会增加传统机构投资者的购买成本。换句话说,高频交易总在"抢跑"!

闪电交易的第二种策略,不是基于交易本身,而是基于行情接收,叫做快速行情。听到这个名字,也许会觉得非常奇怪,行情发布不是应该对所有人都一样吗?其实并不是这样的。

因为我们平时看到的股票、期货还有期权,所有这些价格信息,其实都是由交易所发布出来的。交易所发出的信息,到达我们每个人的眼中,还需要通过很多渠道,如通过中间商和行情发布商。举个简单的例子,在手机上炒股,首先点开一个APP,如大智慧,这个APP会告诉你所需要的股票行情。但是,交易所发出的行情,到达APP的过程是需要时间的。也许这个时间非常短暂,但是站在高频交易角度来看,这个时间非常有竞争性。对高频交易来讲,微秒与纳秒的区别非常重要。

这就产生了一个非常有意思的现象。当交易所发出价格行情之后,比如一只股票,现在是10元,但是这个行情真正到达人们眼中的时候,可能交易所的真实股票价格已经发生改变了。在这个过程中就产生了一个新的交易机会,我们称之为快速行情。

第七章 高频交易的典型策略

高频交易是一种速度很快的交易,它的交易对手其实是一些速度很慢的交易。在这个过程中,高频交易看到行情会比你快,你看到行情比较慢。同时,在行情产生阶段,看到行情慢的交易者也会成为看到行情快的交易者的猎物。

我们来举一个订单簿的例子。有一个做市商,它首先看到了行情是最优买价 1.01 元,最优卖价 1.09 元,于是向市场挂出买单 1.02 元和卖单 1.08 元,它希望改善整个市场的流动性,也就是让市场的买卖价差变得更小。你想,如果作为一个做市商,它最不希望看到的是什么呢?是价格立刻被成交。因为它为市场提供流动性的时候,能够获得交易所的返佣;如果消耗流动性,它不仅不会获得交易所的返佣,反而还要付出更多的手续费。

非常遗憾的是,这个时候的 1.01 元在 100 毫秒前被成交了,对于做市商而言,它并不知道,因为它看到行情比较慢,也就是说当它向市场挂出 1.02 元和 1.08 元的买、卖价的时候,市场真正的最优买、卖价是多少呢?实际上是最优买价 0.95 元,最优卖价 1.01 元。于是,做市商的 1.02 元的买单迅速和 1.01 元的卖单成交了。

在这个过程中,本来是希望提供流动性的人,最后却变成了消耗流动性的人。本来希望提供流动性,能够获得交易所的返佣或者奖励,结果反而变成了消耗流动性,还要向交易所缴更多的钱。在这个过程中,交易速度其实并不慢,那么什么地方慢了呢?其实是行情接收变得慢了。高频交易的交易员不仅需要在交易过程中交易速度很快,看到行情也要很快。

闪电交易的第三种策略,是基于闪电订单的交易行为。闪电订单是什么意思呢?在整个美国市场中,任何一个交易所都可以交易任何一只股票,也就是说一只股票在多达 30 多个交易场所分别进行交易,这样就产生一种现象。比如,阿里巴巴这只股票在纽约证券交易所卖 10 元,但是在纳斯达克只卖 9 元。如果在纽约证券交易所发出一个买入阿里巴巴的指令,指令就会被自动迁移到纳斯达克。因为纳斯达克是 9 元,相对更加便宜。但是在这样一个过程中,纽约证券交易所的利益受到了损害,纽约证券交易所依然希望订单能够留在自己的交易场所。于是在这个过程中,纽约证券交易所就会让在该交易所的一个高频交易提前20毫秒先看一下订单。如果这时卖家自己想改变订单,希望和该高频交易在纽约证券交易所成交,就会把自己的10元变成9元,这样交易订单就不会被迁移到其他交易所了。

这个过程中,交易所是否违反了市场的公平性?买入订单为什么能够由高频交易提前看到?闪电订单和闪电交易,在今天的美国市场已经是一种违法行为了。但是在十年前这种交易模式还是常见的。闪电订单对于整个市场影响非常大,因为它损害了市场的公平性,使得很多交易者很难按照自己看到的价格买到,而同时,买家发出买单的时候,发现自己的买价会被不断推高,而卖家发出卖单的时候,发现自己的卖价会被不断推低,于是整个市场的效率受到很大的损失。

闪电交易最能体现高频交易的基本特征,那就是"快"!这种"快"具体可以分为三种类型,第一种是交易速度快,第二种是行情速度快,第三种是基于闪电指令优势的快,其中第一种和第二种"快"可以提升市场效率,而第三种"快"则损害了市场的公平性。

第五节 幌骗交易策略

幌骗交易是高频交易"臭名昭著"的一个交易策略,英文名称是"spoofing"。其实,在幌骗交易诞生之初,全球金融监管机构并没有将其作为一种违规或者违法的交易策略。但是,随着近些年来幌骗交易到处"招惹是非",不管是美国、德国等发达市场,还是中国、印度等新兴市场,都将幌骗交易认定为一种严重的违法交易行为。

幌骗交易最早发生在美国,在中国也带来不少麻烦。2015年,中国曾经历过一次股票市场的异常波动,当时有一家高频交易公司——伊世顿,就利用幌骗交易操纵市场。伊世顿成立于2012年9月,由俄罗斯人扎亚和安东实际控制。2015年初,伊世顿将自行开发的报单交易系统非法接入中国金融期货交易所的交易系统,直接进行交易,华鑫期货在此过程中为其提供技术支持。2015年6月1日至7月6日,伊世顿利用以逃避期货公司资金和持仓验证等非法手段获取的交易速度优势,大量交易中证500股指期货主力合约、沪深300股指期货主力合约共377.44万余手,从中获取非法利益人民币3.893亿余元。

幌骗交易到底是一种什么样的交易策略?为什么会对市场有如此大的影响?让我们回到订单簿,仔细探究一下幌骗交易的操作手法。其核心思想是:如果在目前的市场,想去买一只股票,但是觉得当前价格似乎有些贵,想以更便宜的价格去买,该怎么办呢?可以选择先卖,而不是先买!

比如,当前市场最优卖价即卖一价是10元,最优买价即买一价是8元,现在想买股票,但按照目前市场只能是10元成交,感觉太贵了,于是开始进行幌骗交易操作。

第一步,不是买,而是卖,挂出12元的卖单,但委托量非常巨大,比如,目前订单簿每个价位上的委托量大概是10手,但却挂出了1万手。如果发生了这样一种现象,可以想象股票在下一时刻的价格会怎么样?因为全市场都观察到股票出现了一个委托量非常大的卖单,所以这只股票在未来一段时间价格肯定会下跌。

第二步,在7元的位置挂出一个买单,委托量是1手,如果股票价格真的跌下来了,7元买单就可以成交,相当于花7元购进了这只股票,是不是比之前的10元成本要低很多!

第三步,需要飞速地把自己之前挂出的12元的大额卖单撤销。

这就是在执行幌骗交易策略过程中的第一阶段:当想去买一只股票的时候,没有买,反而先卖。我们可以看到,在卖的过程中,其实并不是真的卖,只是挂了一个委托量非常大的卖单。虽然这个卖单没有任何真实成交,但却可以让市场价格跌下来,一旦跌下来,就会把自己之前的卖单取消,同时又可以按照自己悄悄挂的买单成交。

现在买入一只股票,其实并没有完成交易,只有把它卖出之后才算完成。于是,我们进入了幌骗交易的第二阶段,现在的目的是卖,该怎么办?先买!为什么?因为觉得现在卖出的价格太低了,希望抬高整个卖出的价格。

第一步,在6元的位置放一个委托量非常大的买单,比如1万手。这一定会带动整个市场的价格往上走。

第二步，可以同时在新的位置放入卖单，比如 10 元、委托量 1 手，于是卖单就成交了。

第三步，飞速地把自己之前的巨额买单撤销。

于是，综合幌骗交易的两个阶段，7 元买进，10 元卖出，赚了 3 元。

简单总结一下幌骗交易的核心思想：当想买的时候，会先卖，让市场价格降下来；当想卖的时候会先买，让市场价格涨上去。幌骗交易能够成立的关键，一是其他投资者会跟随，二是能够及时撤单。这种交易过程有一点操纵市场的感觉，因为挂了不以成交为目的的、委托量非常大的卖单或者买单，会误导其他投资者。

接下来，我们再看一种更为复杂的幌骗交易，其目的是让较大委托量的交易来得更加划算。

例如，高频交易感觉当前市场过宽，最优买价即买一价是 1.00 元，最优卖价即卖一价是 1.90 元。高频交易想买，但挂出新的最优卖价即卖一价 1.45 元，于是，有人跟随高频交易加入继续改善卖一价为 1.44 元、1.43 元……而高频交易根据其他参与者加入量逐渐减少的情况判定何时终止，并利用速度优势撤销卖单，同时挂上买单成交在最优的价位上。

具体来说，高频交易通过逐步增大委托量的办法观察跟单的委托量，达到平均成交价格的最优化。例如，挂卖单 1.38 元后无人跟单，撤到 1.39 元，挂委托量 10 手时有 10 手的跟单，提高到 20 手时有总委托量 40 手，但提高到 30 手时总委托量只有 45 手，即可知此价位的最大提供量是多少，在次优的卖出价格 1.40 元、1.41 元……也如法炮制。假设需要成交 100 手，可以通过此方法吸引流动性提供者并最快地撤单，然后挂出反方向的买单达到最优的平均成交价。如果市场情况突然变化，挂出的卖单未撤，但有成交时需要能够最快地撤单，因为我们需要买而非卖，这就是幌骗交易的风险点。

上述手法在一个真实案例中有所体现。2018 年 11 月，美国司法部起诉了三名期货交易员，其中包括一名中国公民，指控他们一项商品交易欺诈罪和两项幌骗罪。他们被指控精心策划操纵期货合约，其中两名非华裔交易员已认罪。起诉书称，从 2012 年 3 月左右到 2014 年 3 月左右，他们的幌骗交易发生在芝加哥商品交易所即 CME 的 E-mini 标普 500 指数期货和 E-mini 纳斯达克 100 指数期货，以及芝加哥期货交易所即 CBOT 的 E-mini 道琼斯指数期货。他们通过下数千份假订单来欺骗买家，目的是创造供求增加的假象。这些订单扭曲市场价格，使得与其交易的对手损失逾 6000 万美元。这名中国公民于 2011 年起任职于芝加哥著名高频交易公司 Tower Research Capital，此前还曾在另外两家知名高频交易公司 Harrison Trading 和 Jump Trading 工作过。有意思的是，他于 2015 年 3 月回国之后在杭州成立了一家量化对冲基金。美国联邦法院对他颁发了拘捕令。

幌骗交易在美国市场有非常好的盈利性，在中国市场也有非常好的盈利性，但却违反了市场公平，涉及市场操纵，因为在做幌骗交易的过程中，实际上向市场发出了虚假的买卖信息。也就是，明明是想买，结果却卖，而且卖的委托量又非常大；明明是想卖，结果先买，买的委托量又非常巨大，于是在这个过程中，会对其他投资者造成非常大的误导。在今天的金融法规和监管看来，这就是一种市场操纵，是一种违法行为。

目前，全球监管者认为，与通常市场操纵行为以是否影响市场价格为标准不同，幌骗交易的市场操纵行为的判定基于如下几项标准：(1) 向市场发出大量的报单或撤单以增加其他参与者判断的不确定性，最终误导并延缓其他参与者交易行为而完成自身交易。(2) 提交很多订单分布于整个订单簿，而订单的真实意图是只在订单簿的一侧达成交易，一旦交易完成后，另一侧操控性质的订单便撤销。

当然，我们也不能只将板子打到高频交易身上。自从有了金融市场，市场操纵就存在了。所谓的"幌骗"策略，即采用没有真实成交意图的委托，也并不局限于高频交易，传统交易方式也可以实现，只是高频交易的高速增加了幌骗交易成功的可能性，并将其危害放大。

第六节 冰山交易策略

在订单簿里隐藏着各种猎食者，比如，冰山交易，它既是高频交易的竞争对手,又演化为高频交易自己的一种交易策略。

讲述冰山交易之前,首先要清楚冰山订单的定义。如果你去过南北极,会发现冰山露出海平面的部分其实非常少,大约只有整个冰山体积的1/10不到,因此,冰山的大部分是在海底。我们把冰山的定义迁移到订单簿里面去,所谓冰山订单的意思是:一笔订单在交易所显示出来让市场投资者看到的委托量非常少,大部分真实的委托量是隐藏起来的,只有你真的要去交易时,这些隐藏的委托量才逐步显现出来。

为什么交易所不让所有人都看到一个买家或者卖家的非常大的委托量呢?因为高频交易这些年迅猛发展,让市场中其他低频、慢速交易者感到害怕,他们觉得,如果想去卖一只股票,比如要卖出1万手的话,当这个信息到达订单簿之后,高频交易可能就会利用这个信息来进行相应的操作,使得卖出价格越来越低。于是,这些低频、慢速交易者非常担心,会主动和交易所说,不希望暴露自己的交易意图,你能不能帮助我实现这一目的呢?比如,我想卖出1万手,交易所能不能给我100手、100手……的显示。因此,冰山订单的委托量不会向市场全部显示出来,而是分批显示。因此,整个交易意图被隐藏起来,其目的就是防止高频交易"揩油"。

当这种情况发生的时候,高频交易也很聪明,它会怎么办呢?它会去探测冰山订单,通过一定的办法看一看,交易对手是不是一个冰山订单。

例如,存在这样一个市场:卖一价是1.02元,卖一量是200手;卖二价是1.03元,卖二量依然是200手;卖三价是1.04元,卖三量还是200手。买一价是1.01元,买一量是100手,但其实隐藏了900手;买二价是1.00元,买二量是50手;买三价是0.99元,买三量是20手。

一旦市场开始交易,高频交易会发现在买一价1.01元的位置,不管市场怎么成交,始终有100手。因为任何一个订单簿的变化,在美国市场都需要向全部投资者披露,所以当买一价1.01元的位置不断闪现100手委托量的时候,高频交易大概率可以推算出来,交易对手是冰山订单。

因此,冰山订单是为了低频、慢速投资者躲避高频交易而诞生的,但有趣的是现在似乎演变成高频交易可以利用的一种交易策略,这就是冰山交易。

第七章 高频交易的典型策略

如果想完成一个成功的冰山交易,高频交易还需要搞清楚在市场交易的过程中买单的位置、卖单的位置,分别有多少冰山订单。如果高频交易没有探测清楚冰山订单真实数量的话,它的交易策略会因此而失效。我们再更细致地分析一种冰山交易策略——移动冰山。

第一步,市场中,买一价是1.01元,买一量是300手;卖一价是1.06元,卖一量是400手。当卖一价1.06元的400手被成交后,市场又出现了同样的卖单,即卖一价是1.06元,卖一量是400手。继续成交后,又出现了一模一样的现象,于是,高频交易猜测,卖一的位置应该是一个冰山订单,并且高频交易根据过去一段时间在卖一位置上成交的委托量的数量估计,该冰山订单的委托量大概在2000手。

第二步,高频交易发起了"移动冰山"的交易策略。高频交易吃掉了买一价1.01元的300手,并挂上了新的卖一价1.05元,卖一量300手,此时市场最优卖价被高频交易改善,冰山订单看到之后一定会调整自己的报价,因为如果它不改变的话将无法成交,所以,大概率可以观察到卖一价1.05元的卖一量会从300手变成700手,这增加的400手是冰山订单的加入。

第三步,此时市场的买一价已经变成了1.00元,买一量200手,高频交易如法炮制,和第二步的手法一致,吃掉买一价1.00元的200手,并挂上新的卖一价1.03元,卖一量300手,冰山订单继续跟随高频交易,卖一价1.03元的卖一量增加了400手。

第四步,此时市场的买一价已经变成了0.99元,买一量200手,高频交易如法炮制,和第三步的手法一致,吃掉买一价0.99元的200手,并挂上新的卖一价1.01元,卖一量300手,冰山订单继续跟随高频交易,卖一价1.01元的卖一量增加了400手。

第五步,此时市场的买一价已经变成了0.98元,买一量300手,高频交易如法炮制,和第四步的手法一致,吃掉买一价0.98元的300手,并挂上新的卖一价0.99元,卖一量300手,冰山订单继续跟随高频交易,卖一价0.99元的卖一量增加了400手。

第六步,此时市场的买一价已经变成了0.97元,买一量200手,高频交易如法炮制,和第五步的手法一致,吃掉买一价 0.97 元的 200 手,并挂上新的卖一价 0.98 元,卖一量 300 手,冰山订单继续跟随高频交易,卖一价 0.98 元的卖一量增加了 400 手。

第七步,此时市场的买一价已经变成了 0.96 元,买一量 200 手,此时是关键,高频交易不再吃掉买一价 0.96 元的 200 手,而是计算了冰山订单的跟单情况,发现冰山订单每次都跟随 400 手,共 5 次,合计 2000 手,这和之前高频交易预期冰山订单的委托量一致。

第八步,高频交易迅速撤掉自己所有的卖单,和冰山订单在 0.98 元的位置买入自己之前卖出的 1200 手,而高频交易之前卖出的均价是 $(1.01 \times 300 + 1.00 \times 200 + 0.99 \times 200 + 0.98 \times 300 + 0.97 \times 200)/1200 = 0.991$ 元,实现了盈利。

有趣的是,使用冰山订单的慢速投资者也会变聪明,它可以通过以下几种方法和高频交易竞争:一是随机分割时间等待后再显示储藏的订单;二是探索牵引订单的动向但并不加入高频交易以防市场朝逆向移动;三是在市场上放上与意图相反的大委托量的订单引诱高频交易,比如,冰山订单的实际意图是卖,但却放上买入的价格 1.01 元、委托量 3000 手的买单,如果高频交易如前例故伎重演则会慢慢落入冰山订单的陷阱。

如果冰山交易发展到极致,就形成了暗池交易,什么是暗池交易?暗池交易也是一种交易方式,它区别于拥有公开、透明订单簿的传统交易所的显著特征是,投资者不再能够看到市场公开的买、卖报价信息。暗池交易诞生的原因是,传统的机构投资者进行大宗交易时通过所谓的暗池而不是"明市"交易,以防止大宗交易造成的价格波动并保护它们免受高频交易的攻击。

冰山订单的交易模式,在今天的中国还不存在。我们的交易所实际上会把所有的委托量都公布出来,而不会使用冰山订单。但是在其他交易场所,比如说在一些大宗交易平台,是可以把自己的委托量隐藏起来的,这实际上类似于一种冰山订单。中国金融市场改革与发展提速之后,随着互联网金融、金融科技的渗透,类似的暗池交易也在逐渐发展壮大。

第七章 高频交易的典型策略

思考题

1. 高频交易的哪些交易策略有利于提高市场效率？
2. 高频交易的哪些交易策略有损市场公平？
3. 高频交易和冰山交易的关系是什么？

视频资源

1. 策略举例1：全市场最优报价
2. 策略举例2：闪电交易
3. 策略举例3：快速行情
4. 策略举例4：幌骗交易
5. 策略举例5：手续费返还
6. 策略举例6：冰山订单

第八章　高频交易的典型案例

本章重点介绍两个高频交易的典型案例,第一个是发生在美国市场的"闪电崩盘"事件,第二个是发生在中国市场的光大证券"乌龙指"事件。

第一节　"闪电崩盘"事件

发生在美国的"闪电崩盘"事件使人类第一次意识到高频交易已经彻底改变了金融市场的形态,而且是那种撼动基石般的影响。

一、"闪电崩盘"事件的过程

2010年5月6日下午,美国股票市场的指数、股指期货、股指期权和ETF市场在30分钟内经历了突然的大幅下跌,下跌幅度达5%,然后快速反弹回到原位,形成了一个大大的"V"字形反转。这次事件被称为"闪电崩盘",这种金融市场现象是人类之前几百年从未遇到过的,之前也有过5%的下跌,但绝不可能在30分钟内恢复原状。

"闪电崩盘"的过程到底是什么样的?是不是高频交易引发的?美国的证监会和商品期货交易委员会是类似中国证监会的金融监管机构,对此也感到非常困惑,因此专门成立了一个由全球最顶尖的经济学家和金融学家组成的调查小组开展调查。经过了长达一年的研究,他们的调查结论是:这次"闪电崩盘"和高频交易无关。

在经历2008年全球金融危机之后,2010年的金融市场风声鹤唳,当时全球投资者最担心的是欧洲债券,特别是希腊的国家主权债券是否会违约。在交易当天下午开盘后不久,股票市场上突然出现一个委托量巨大的卖单,有一个投资者希望卖出他手里的巨额股票,通常来说,这意味着基本面投资者开始执行大额卖出程序。一般情况下,这样的大额卖出程序不会立刻执行,而是会分散到较长时间,几十分钟、几个小时,甚至几天来完成。然而,这个基本面投资者的一次性卖方交易的压力,显然超出了所有基本面买方的吸收能力。在这个交易信号的指引下,市场中的其他投资者非常惊慌,纷纷卖出自己手里的各类金融资产,因为所有人都感觉到希腊的国家主权债券可能真的要违约了。

基本面投资者抛售引起的下跌和高频交易又有什么关系呢?在市场最开始下跌的时候,高频交易作为做市商发出买单以接住这个不断下跌的市场,但是它万万没有想到的是,市场中卖的力量太过强大,使得它没有办法承接住这种卖压。面对如此极端的市场状况,高频交易自己也要生存,于是它转过头来,从做市商转身为投机者,也就是说,高频交易不再向市场发出任何买单试图接住下跌的市场,而是拼命地向市场发出卖单以迅速逃离这个市场。

高频交易的速度非常快,所以它的卖出会快于其他投资者,这带来市场下跌的急速加剧,形成了这样一种金融现象——"烫手的山芋"。"烫手的山芋"是说当一个山芋非常烫手的时候,每一个接手山芋的人,他的第一个想法就是赶紧把这个烫手的山芋抛给下一个人。因此,"烫手的山芋"出现之后,市场下跌非常猛烈,在 15 分钟内下跌了 5%。当市场跌到这个位置的时候,触动了美国金融市场的熔断机制。熔断机制正是给机器准备的,寄希望于暂停交易 5 秒钟,让机器能够冷静下来,事实证明,此时的熔断机制确实起到了作用,市场下跌止住了。

在冷静的 5 秒钟里,高频交易者意识到,市场不应该跌得如此惨烈,而其他投资者也已经意识到希腊的国家主权债券并没有实质性违约,还是停留在猜测层面。于是,熔断结束之后,整个市场又开始重新进入买入阶段。有趣的是,整个买入过程完整地复制了刚才的下跌过程,即高频交易又充当了买入的急先锋,市场很快又涨回最开始的位置。

上述就是美国市场"闪电崩盘"的过程,历时仅仅 30 分钟。

二、"闪电崩盘"事件的原因

在这个过程中,高频交易是不是"闪电崩盘"的元凶呢?按照美国调查小组经济学家与金融学家的观点,其实不是,真正的元凶是市场中那个挂出大额卖单的基本面投资者。那么,高频交易起到了什么作用呢?高频交易起到的是所谓"助涨助跌"的作用,也就是,当市场跌的时候,高频交易让市场跌得更快;当市场涨的时候,高频交易让市场涨得更快。

但是,很有意思的是,在几年之后,2015年,美国证监会和商品期货交易委员会又否定了自己先前给出的答案,说当天美国股票市场中那个委托量巨大的卖单并不是来自一个基本面投资者,而是来自一个英国伦敦的小伙子,名字叫Navinder Singh Sarao。他当时自己一个人在家里做高频交易,从自家别墅里发出了一个委托量巨大的卖单,其交易目的并不是反映希腊国家主权债券将要违约的基本面信息,而是在实施一种市场操纵的手法——幌骗交易,这是一种高频交易策略。因此,美国市场监管者更正说明,"闪电崩盘"从根源上讲还是高频交易带来的。

如前文所述,当你想去买一样东西的时候,发现价格很高,你会怎么办呢?如果你是一个正常的投资者,你会先不买,选择耐心地等待。但是,幌骗交易会先挂出一个不会成交的委托量巨大的卖单,造成市场上这个东西会被人大量卖出的假象,也就是说,你会让市场上其他人观察到价格将会下跌,于是很多人真的会选择卖出。一旦这个东西的价格真的下跌了,你很快把卖单撤了,然后按已经下跌的价格来买,此时你就达到了按刚开始想买的、更低的价格来买的目的,这叫做幌骗交易。

幌骗交易很明显是一种市场操纵行为,对于英国伦敦这个小伙子而言,很不幸的是他之前挂的委托量巨大的卖单,想撤单的时候,却因为各种原因,如交易机器卡住了、网络突然中断、信号传输障碍等,没有能够及时撤掉,导致一个巨大委托量的卖单长期停留在市场中,于是大家纷纷猜测这是一个知晓希腊国家主权债券将违约的基本面卖单,导致整个美国金融市场崩溃。因此,美国证监会和商品期货交易委员会的第二次调查结论认为,高频交易是导致"闪电崩盘"的原因,并且是整个事件的元凶。2020年1月,这个英国小伙子被美国芝加哥法院正式判刑。

面对完全对立的两种解释,"闪电崩盘"到底是什么原因造成的呢?其实到今天为止,这在人类的金融市场中还是一个谜。最大的原因是美国市场结构是分割的,使得我们无法看清这个市场中所有投资者的交易行为。

什么是分割的市场结构?比如,你在纽约证券交易所买进一只股票,你可以在纳斯达克将其卖出,但是在中国就不行,你在上交所买进的股票只能在上交所卖出。换句话说,一只股票在美国可以在30多个交易所同时交易,这种制度使得美国监管者没有一个完整的交易信息,也就没有办法解释"闪电崩盘"现象。特别需要说明的是,在"闪电崩盘"的时间段内,投资者原本可以在30多个交易所之间为一只股票寻找到最优成交价格,现在却着急逃离这个市场,有些"慌不择路",选择在最近的而不是成交价格最优的交易所成交,这会进一步加剧流动性缺失。这说明美国股票市场中不同交易市场之间的连接具有脆弱性,分割的市场结构并不稳定。

我们比较倾向于美国证监会和商品期货交易委员会调查小组经济学家与金融学家的观点,即"闪电崩盘"真正的起因还是基本面带来的,而高频交易只是起到"助涨助跌"的作用,这个英国小伙子似乎更像一个市场制度缺陷的"替罪羊"。通过"闪电崩盘"事件,无论是美国的金融从业者、监管机构、学术界,还是全球其他投资者,都意识到高频交易已经彻底改变了传统的金融市场,而且带来微观基础层面的重塑,动摇的是整个金融市场的基石。

第二节 光大证券"乌龙指"事件

光大证券"乌龙指"事件发生在2013年8月16日,这是一个周五,中国市场的利益相关方第一次真正意识到高频交易在市场中的作用。

一、光大证券"乌龙指"事件的过程

2013年8月16日上午11点07分的时候,中国股票市场的投资者观察到一个非常惊人的现象——在短短不到30秒,准确地说是27秒的时间里,上证综指涨幅超过5%,多只权重股涨停。这是从1990年中国股票市场诞生之日起,从来没有出现过的现象。市场中所有投资者非常震惊,大家纷纷猜测到底发生了什么。很快,中国证监会、上海证券交易所和中国

金融期货交易所,包括光大证券自己,发现之前上涨的5%并不是市场和政策的基本面利好消息,而是光大证券策略投资部的高频交易发生了一个交易系统上的程序错误,错误地买入了价值72.7亿元的股票,从而使上证综指瞬间上涨5%。那么,光大证券策略投资部的高频交易到底犯了什么错误呢?

在当天开盘之后,光大证券策略投资部的交易员发现股票市场上产生了一个非常好的套利机会,即180ETF指数和构成180ETF指数的股票之间存在套利机会。简单来说,如果这时光大证券策略投资部的交易员买进组成180ETF指数的股票,同时卖出相对应的180ETF指数的话,就可以获取所谓的无风险收益。于是,该交易员开始进行这样一个套利操作,他首先发出要买入一篮子股票的交易指令。9点41分开始,交易员通过套利策略订单生成系统依次发出三组买入180ETF成分股的交易指令,时间分别是9点41分、10点13分、11点02分,委托分别是177笔、102笔、1772笔。但是,第三组11点02分的交易指令被上海证券交易所弹回,没有成交。这时他按下了一个"重启"键,目的是重新发送之前的一组交易指令,而不用交易员再次手动输入。非常不幸的是,对于这个"重启"键,光大证券策略投资部之前并没有经过测试,而恰恰此时出了大问题——"重启"键开始不停地向上海证券交易所发出买入的交易指令,在11时05分08秒之后的2秒内,瞬间生成26082笔预期外的买入交易指令。

令人震惊的是,此时的买入交易指令从买入限价单不知为何变成了买入市价单。什么叫限价单和市价单?限价单是指,你想买一只10元的股票,如果超过10元你就不买了;市价单是指,如果你想买一只股票,只要有人卖给你,你会不计较价格地买入。可以想象,当时股票市场上涨是这样一个过程:光大证券策略投资部的交易员突然间开始买股票,而且不计较价格,有多少买多少,最后买了72.7亿元的股票,将上证综指瞬间推高5%。更不可思议的是,交易员发现是程序错误之后,自己都无法停下计算机系统疯狂买入股票的行为,不得已,交易员最后通过拔电源这样简单、原始、粗暴的方式结束了高频交易疯狂买入股票的行为。

如此悲剧的事情发生了,光大证券该怎么办?它的第一反应是:因为它买进了很多股票,而这些股票将来肯定会下跌,于是它选择卖出股指期货来对冲风险,因为一旦股票下跌,股指期货的盈利就可以弥补股票损失。这本质上是不是一种套期保值行为呢?是的,这正是股票现货与股指期货之间的套期保值交易,即以一个市场的盈利弥补另一个市场的亏损,从而达到规避市场价格波动风险的策略。

或许从金融学专业的角度来看,光大证券策略投资部立刻卖出股指期货的操作没有什么问题,但是,光大证券应该先向市场公告是自己的高频交易系统的程序错误带来买入股票的行为,更何况光大证券是一个上市公司,更加有信息披露的义务。然而,光大证券没有这么做。于是,从发生事件之后的 11 点 07 分到 11 点 30 分,光大证券在没有向市场作任何说明的情况下,开始默默地卖出股指期货。

11 点 30 分到 13 点是中国股票市场中场休息阶段,很多财经媒体记者已经听到了风声,知道股票疯涨并不是基本面利好,而是因为光大证券的高频交易系统出了错误。于是,他们打电话给光大证券的董事会秘书,但董事会秘书在没有了解任何情况之下就断然否认,说光大证券没有任何问题,也正是这样一个不实信息披露,他之后受到了中国证监会的处罚。

更令人震惊的是,从 13 点开盘一直到 14 点 05 分,在长达一个多小时的时间里,光大证券策略投资部不停地卖出股指期货,但没有向市场作出任何信息公告。光大证券为什么不向市场公告呢?可以想象,如果它向市场公告是自己的高频交易系统出了问题,那么,全市场都知道这次上涨并不是基本面利好,大家会纷纷卖出股票和股指期货,这时光大证券再想卖出自己的股指期货就会变得非常困难。因此,光大证券一直到全部卖出股指期货之后,即 14 点 05 分,才向市场作出信息公告,说是自己的高频交易系统出了问题,全市场一片哗然。

之后,中国证监会对光大证券进行了史上最为严厉的处罚,包括对光大证券部分高管和策略投资部负责人给予中国股票和期货市场的终身禁入,并按照没一罚五的顶格处罚处理光大证券当天近 1 亿元的盈利,即光大证券付出了将近 6 亿元。

上述就是整个光大证券"乌龙指"事件的全过程。

二、光大证券"乌龙指"事件的风险启示

光大证券"乌龙指"事件发生之后,对于中国金融市场而言,不管是对业界、学界还是监管机构,震动都非常巨大。因为大家第一次清晰地认识到,原来高频交易在不知不觉之间已经改变了整个股票市场的生态结构,尤其暴露出以下几个风险点:

第一个风险点是交易制度。光大证券策略投资部账上真的有72.7亿元吗?答案是否定的,当时它只有8000万元而已。如果作为散户在股票市场交易,今天买了10万元股票,账上就没有了10万元。但是,如果是机构投资者,今天买了10万元股票,是第二个交易日再付钱。也就是说,光大证券什么时候要付这72.7亿元呢?是第二个交易日。当天是周五,第二个交易日是下周一。这实际上挽救了光大证券,因为光大证券也没有72.7亿元的现金,它是利用周末的时间,通过光大集团和光大银行在银行间市场上借到了72.7亿元。这就产生了一个新的问题,机构投资者的这种所谓信用账户制度是否合理?

第二个风险点是光大证券高频交易的风险管理。难道光大证券策略投资部自己没有检查账上有没有72.7亿元吗?这涉及高频交易对速度极致追求的问题。因为高频交易在交易股票的时候,需要检查一些基本的风险点,比如光大证券首先要检查买入股票和光大证券是否利益相关,其次要检查资金是否充足。但是,光大证券什么都没有检查,原因竟是如果检查会耗费几微秒时间,因此光大证券开始裸跑。为什么光大证券的风险管理部门没有尽到责任呢?因为从事高频交易的策略投资部的盈利能力太强,使得风险管理部对其无法制约。

第三个风险点是在光大证券"乌龙指"事件过程中,我们发现中国股票市场的流动性原来如此之差。什么是流动性?一个跳水运动员从10米跳台跳下和从3米跳板跳下,水池的深度会一样吗?答案是否定的。只有足够深度的水池,才能够承受跳水运动员从更高的高度跳下。换句话说,只有中国股票市场的流动性非常好,当一个大的买家或卖家进入市场的时候,整个市场才能承接得住。而中国股票市场仅仅用了72.7亿元,就把整

个上证综指买到上涨5%,这说明其流动性非常差。

光大证券"乌龙指"事件揭开了高频交易在中国金融市场的面纱,让所有市场参与者都意识到,原来高频交易不仅已经进入中国市场,而且改变了市场的微观组成和生态环境,同时也带来了未知风险。

思考题

1. "闪电崩盘"事件对高频交易监管的启示是什么?
2. 光大证券"乌龙指"事件对高频交易监管的启示是什么?

视频资源

1. "闪电崩盘"事件
2. 光大证券"乌龙指"事件概述
3. 光大证券"乌龙指"事件原因

第九章 高频交易的监管应对

本章主要从海外市场对高频交易的监管思考与监管应对的视角加以分析和总结。

第一节 高频交易商业模式的争议

2007年,Reg NMS正式实施,其中的访问规则(Access Rule,Rule 610)与指令保护规则(Order Protection Rule,Rule 611)促进了高频交易的迅猛发展。

Reg NMS的访问规则通过要求公平获得报价、设置访问费用限额来协调不同交易所的定价,并要求证券交易所和证券交易商禁止会员参与锁价或交叉保护报价。该规则的实质是交易中心会员在公平有效获取交易设施报价咨询的前提下,允许非会员以间接方式获取报价咨询,并在收费和待遇方面实现公平。

Reg NMS的指令保护规则以保护投资者获得交易中心自动执行报价所能达到的最优价格为基本原则,旨在解决不同交易中心的竞争问题。指令保护规则保护了投资者的限价委托单交易,提高了市场流动性。然而,Reg NMS并没有禁止穿价交易,只是要求各交易中心尽量避免穿价交易。例如,扫架订单就是一种限价订单,要求交易中心迅速执行订单而不考虑其他更优价格,这主要是为信息交易者执行大额订单时提供的一种有效执行方式。由此可见,指令保护规则也无法保证投资者总能以最佳价格成交。

Reg NMS的初衷在于连接美国诸多分割的股票市场(截止到2012年8月,美国股票市场由13家股票交易所、50家另类交易系统与暗池交易组成),形成统一的全国市场,访问规则与指令保护规则的作用正是在于限制单独市场成交而促成全国市场交易。然而，当指令在分割的市场结构中穿行并寻求最优报价时，高频交易的生存机会得以出现，高频交易可以通过自身的速度、技术优势在订单簿中找到更加有利的排队位置，从而牺牲长期投资者与速度较慢投资者的利益，使其无法获得最优价格。高频交易会利用不停的报单撤单策略（spam and cancel）来寻找最优的排队位置，交易所也会出于自身考虑为高频交易提供专门的配合其报单撤单的交易指令（hide and light），高频交易还会利用传统机构投资者与经纪人不熟悉的扫架订单来规避 Reg NMS 的最优价格原则，这些都改变了美国股票市场的微观结构，形成了新的生态系统，也使高频交易与传统机构投资者、速度较慢投资者之间产生新的利益冲突。

综上所述，高频交易的超额收益来源于其指令排队优势、避免寻找全市场最优价格、捕捉回扣流动性等，因此，对特殊指令的理解与对市场微观结构的研究成为高频交易中最优价值的投资策略。然而，高频交易的主要问题并不在于其高速与交易策略本身，这些都合乎规范与道德标准，只是高频交易的商业模式并非建立在自身规模与交易量之上，而是通过利用传统交易所或新兴电子交易平台提供的特殊指令或特定服务来获取利润，高频交易"穿梭"于传统投资者的交易指令间隙，属于"寄生"于传统交易市场之中的交易模式，这实际上有违公平原则，损害了其他低频投资者的利益。

第二节 极端市场情况下的高频交易

尽管高频交易在正常市场情况下通过逆向选择缩小了买卖价差，大量订单有效缓解了日内波动，避免了与掌握更多信息的交易者交易而改善价格发现过程，提高了报价的信息含量，但在极端市场情况下，高频交易使得交易偏离价值，加剧市场波动。典型案例是美国 1987 年的"股灾"与 2010 年的"闪电崩盘"。

一、高频交易的两面性

1987 年美国"股灾"产生的根本原因不是高频交易泛滥,而是当时美国经济基本面恶化,高频交易又对市场信息反映较快,因此加剧了股市的下挫。2010 年 5 月 6 日下午,美国股票市场中的股票指数、股指期货、股指期权和 ETF 在 30 分钟内经历了 5%—6% 的突然下跌后又迅速恢复,部分学者认为是高频交易助涨助跌的投机性导致了市场恐慌。相关研究表明,在"闪电崩盘"的时间段内,基本面消息导致市场快速下跌,流动性的缺失使得投资者大量使用扫架订单。这期间扫架订单的交易量占据市场交易量的 32%,贡献超过 50% 的市场价格波动,进一步加剧了流动性的缺失。而在市场恢复过程中,扫架订单又加快了市场价格的回归。这说明导致产生"闪电崩盘"现象的直接原因在于美国股票市场中不同交易市场之间的连接具有脆弱性,统一的市场结构并不稳定。高频交易虽不是导致"闪电崩盘"的直接原因,但它在市场出现极端情形时没有为市场提供流动性,属于脱离资本市场基本功能的交易行为。

"闪电崩盘"并非由高频交易造成,基本面净卖方的大宗交易、市场分割以及多元的跨市场交易机制才是"闪电崩盘"的主要原因,然而,高频交易的短期趋势交易和目标存货水平控制使得其在市场出现剧烈波动的过程中极有可能从流动性供给方转变为流动性需求方,从而进一步加剧了市场的波动。从这个角度来看,通过限制高频交易在高波动性市场中的交易行为,或许能够控制其在市场中所起到的推波助澜的作用;与此同时,要求指定做市商继续履行做市义务,同时补偿此阶段做市商的交易损失,或许可以避免出现如此极端的情况。

二、美国应对极端情况发生时的高频交易监管措施:流动性保护机制

美国期货市场存在一系列流动性保护机制,可以保证极端情况发生时市场安全稳定运行。

1. 止损价格逻辑机制

CME 的 Globex 系统设有止损价格逻辑(stop price logic)机制,用以缓

解市场价格的剧烈震荡。这种震荡可能在由于流动性不足导致止损指令连续触发时发生。止损价格逻辑机制的基本原理为,如果止损指令的成交价格超出预定的触发点(threshold),市场就自动进入一个短暂的保护状态。其持续时间是事先预定的,如 5 秒到 10 秒之间。在这段时间内,没有买卖指令进行匹配,但除市价指令外的其他新买卖指令仍可进入系统,并可以被修改和取消。止损价格逻辑机制通过向市场提供必要的调整时间来重获流动性与均衡价格,避免在单边行情下大量止损订单导致产生"瀑布效应"。

在 CME 上市交易的电子迷你标普 500(E-mini S&P 500)指数期货止损价格逻辑功能的触发点和持续时间分别是 6 个指数点位和 5 秒。例如,2010 年 5 月 6 日,E-mini S&P 500 指数期货的止损价格逻辑功能被触发。当天下午 1 时 45 分 27 秒,即系统进入保护状态前 1 秒,当月(front month)E-mini S&P 500 股指期货合约恰在 1070 点之下交易。卖方卖单使指数跌至 1062 点。又有一个 1062 点 150 手的止损卖单使指数跌至 1060.25 点,其他一些止损卖单也被同时执行,并使指数跌至 1059 点。这触发了另一个 1059 点 150 手的止损卖单,该单被执行后,指数继续跌至 1056 点,该点位本应触发更多止损订单,但是就在这时,也就是下午 1 时 45 分 28 秒,由于从 1062 点到 1056 点之间 6 个点位的跌幅,止损价格逻辑被触发,E-mini S&P 500 指数期货市场进入保护状态。5 秒后,市场脱离保护状态。由于这个短时的交易暂停,E-mini S&P 500 指数期货的下跌停止了,市场脱离保护状态时的初始点位为 1056.75 点,并且随后急速回升。

2. 价格波动带机制

为确保公平、稳定和有序的市场,CME 的 Globex 系统通过价格波动带机制(price banding)检验所有指令的价格。价格波动带机制防止过高买价或过低卖价指令进入市场,避免这些指令引发市场过度波动。CME 利用最新相关的市场信息确定合理的价格波动带数值。对期货来说,这些信息包括交易、最优买卖报价、潜在买价和卖价以及开盘价格等;对期权而言,这些信息包括最新价格以及基于定价算法的理论价格。以 E-mini S&P 500 指数期货为例,一笔买报价单比前一成交价高 12 个点位或卖报价单比前一成交价低 12 个点位,系统将拒绝该报价单。

3. 市价指令和止损指令的保护点

CME 的 Globex 系统自动给期货的市价指令和止损指令设置了一个保护点(protection point)或限定价格,有效预防因流动性不足导致这些指令以极端价格交易。保护点的值因产品而定,例如,E-mini S&P 500 指数期货的保护点的值设为 3 个指数点。CME 的 Globex 系统通过保护点的值和最佳买价或卖价计算出市价指令的限定价格,通过保护点的值和止损指令的触发价格计算出止损指令的限定价格。一个市价指令或止损指令执行后,余下未被匹配的数量就变成一个限价指令,其限价为应用保护点后的限定价格。例如,E-mini S&P 500 指数期货目前的成交价为 2000 美元,保护点的值为 3 个指数点,1997—2000 美元之间的买入限价指令为 20000 手,当一个 30000 手的市价卖出指令(或止损指令)进入交易撮合系统时,其中的 20000 手卖出指令会以 1997—2000 美元的价格即刻成交,10000 手卖出指令会被系统转变成 1997 美元的限价卖出指令。保护点可以防范大量的市价指令或止损指令在指令的深度和广度不足时引起的大幅价格波动。

4. 指令最大数量保护机制

CME 的 Globex 系统的指令最大数量保护机制(maximum order size)禁止超过预定数量的指令进入交易系统,以防止投资者按错键引起错误下单而导致的价格大幅波动。以 E-mini S&P 500 指数期货为例,指令数量最大单笔为 2000 手。

5. 熔断制度

熔断制度(又称断路器制度)是由于价格急剧波动而触发的暂停交易措施,是动态涨跌幅、静态涨跌幅和波动断路三者相结合的一种价格稳定机制。其基本原理是,当某产品前后两笔交易价格达到一定幅度(动态涨跌幅)或最新价格达到参考价格(如前一日收盘价)的一定幅度(静态涨跌幅)时,该产品的连续交易中断,启动集合竞价,集合竞价后继续连续交易。熔断制度既可以不限制某个产品的当日最高涨跌幅度,又能起到冷静市场、限制临时波动的作用。

CME 熔断制度与 NYSE 的规定一致,支持 10%、20% 和 30% 的熔断限制条件,即要求在道琼斯指数下跌 10%、20% 和 30% 的点位上分别设立"熔断点"。具体而言,如果道琼斯指数在下午 1 点前下跌 20%,交易会被停止 2 小时;如果其在下午 1 点到 2 点之间下跌 20%,交易会被停止 1 小时;如果其于下午 2 点前下跌 10%,市场会休市 1 小时;如果其于下午 2 点到 2 点半之间下跌 10%,交易会停止半小时;如果其于下午 2 点半以后下跌 10%,则交易不会停止;如果其在 2 点以后下跌 20%,当日剩下的交易时间将不再交易;如果其在任何时候下跌 30%,当日剩下的交易时间也将不再交易。NYSE 在每个季度开始时,都会利用道琼斯工业平均指数前一个月的平均收盘价计算熔断制度的触发水平。当现货市场的交易停止时,CME 指数期货产品将无条件停止交易,不管特定产品是否达到交易停止限制。

第三节 海外市场高频交易的监管制度

在发达国家,高频交易占交易所交易总量的比重越来越大,欧美等国都适时调整了自己的监管制度。

一、美国引入相应措施加强高频交易监管

近年来,SEC 出台的对高频交易的监管措施主要有以下四项:

1. 禁止闪电指令(flash orders)

2009 年 9 月,基于市场公平性的考虑,SEC 正式提议:禁止能使高频交易比其他市场参与者提前数毫秒看到交易指令的闪电指令。

2. 禁止无审核通路(naked access)

无审核通路是指经纪商在没有任何审查的情况下,将向交易所发布指令的席位和高速通道租用给交易者以提高交易速度。2010 年 1 月 13 日,基于指令错误会增加经纪商和其他市场参与者风险的考虑,SEC 公布了监管提案,要求经纪商实行风险监控流程,在指令到达交易所之前,过滤错误和超过交易者信用与资本金承受风险范围的交易指令。

3. 对巨量交易者(high-volume traders)分配识别代码

2010年4月14日,SEC提议,为交易量符合一定标准(单日买卖股票超过200万股、单日执行价值超过2000万美元,或单月执行价值超过2亿美元)的交易者分配识别代码,在交易发生后的次日,经纪商需要将交易记录上报SEC,以便分析与调查其是否存在操纵市场等行为。

4. 托管(co-location)

2010年6月11日,CFTC发布对托管的监管提案,包括对愿意付费的所有合格投资者提供托管服务;禁止为阻止某些市场参与者进入市场制定过高费用;时滞透明公开;第三方提供托管服务时,需要给交易所提供市场参与者的系统与交易信息。

二、美国考虑继续实施针对高频交易的新监管

SEC针对高频交易的监管分为以下四个方面:

1. 审计并跟踪合并后的订单簿数据

在美国股票市场,多家传统交易所与新兴交易平台形成了分割的金融市场结构,即单只股票可以在不同的交易场所进行交易,而高频交易的诸多策略正是利用了这种分割的金融市场结构在不同交易场所进行交易。然而,每个交易场所只披露自身的价格数据,并未披露完整的、格式统一的订单簿数据。作为高频交易研究的理论基础——市场微观结构,正是基于订单簿数据形成的理论与研究成果。监管者需要审计并跟踪不同交易场所合并之后的订单簿数据(如如何评估频繁的报单与撤单)才能进行严谨的科学研究并提出合理的监管措施,所以审计并跟踪合并后的订单簿数据成为大势所趋。然而,如何权衡成本与收益、统一美国30余家交易场所的订单簿数据将是监管者面临的巨大挑战。

2. 容量问题与过度指令收费

容量问题一直都是交易场所需要考虑的重要问题,例如,在2010年5月6日"闪电崩盘"的下午,NYSE没有足够的容量来处理非常时期大规模的报单与撤单,高频交易飞速发展带来的频繁交易更是将交易场所的容量问题提到了重要位置。目前,交易场所开始考虑限制指令成交比例

(orders-to-executions)和过度指令收费,例如,纳斯达克的管理层开始讨论是否将指令成交比例降至10%以下,同时针对在NBBO之外超过总指令量0.2%的每笔指令收取0.005—0.03美元。不仅在美国,在欧洲的交易场所也有类似考虑,例如,NYSE Euronext针对指令成交比例高于100%的每笔指令征收0.1欧元的费用。然而,目前针对这种收费模式还没有严谨的学术研究,尚无法确定其是否会损害市场流动性(尤其是市场深度),监管者在大规模推广此类监管措施之前还需仔细研究,并慎重考虑。

3. 指令停留时间限制

SEC于2010年考虑对指令停留的最短时间作出规定,其设想是在投资者提交指令50毫秒内不得撤单,希望能够以此限制闪烁指令交易(flickering quotes)。然而,这种规定会导致市场价格发生较大变动,同时降低市场流动性。指令停留时间限制相当于流动性提供者给予流动性需求者一个期权,而期权价值就体现在流动性中,具体表现为买卖价差增大。所以,指令停留时间限制尚存较大争议。

4. 交易税

部分监管机构希望能够通过税收限制高频交易,同时提高政府收入。然而,税收会增加投资者交易成本、降低市场流动性、增加市场波动性、降低市场中价格的信息含量,最终破坏市场的正常发展路径。

三、欧洲针对高频交易的监管还在讨论阶段

在欧洲,MiFID与Reg NMS的本质区别在于"最佳执行"义务的执行主体和标准不同。Reg NMS强调由市场作为主体执行客户指令,以"最优价格"为标准履行"最佳执行"义务,这形成了统一的市场结构;MiFID则由投资公司作为执行主体,综合考虑价格、成本、速度、指令执行可能性、规模、性质等多种因素后执行客户指令,因此在欧洲形成了分散的市场结构,这使得欧洲的高频交易与美国的高频交易相比,交易成本大幅增加。

MiFID II计划引入一系列安全保护措施,一方面针对使用算法交易的市场参与者,另一方面也针对发生算法和高频交易的交易场所,具体

包括：

（1）要求各种算法交易商将策略向监管者报告，交易场所会员在高频和算法交易商接入市场时加以更严格的检查。目前，监管者不清楚高频交易使用何种策略产生交易指令，交易场所会员可能对使用其系统的高频交易的行为与策略不加检查。

（2）交易场所被要求对诸如非正常交易、过度价格波动和系统超载等加以强有力的控制。为降低系统负载，应对市场参与者发出的指令数量加以限制，交易场所通过降低报价单位费用或设计收费系统来吸引指令流量也要有个限度。下单成交比和最小波动价位将在未来加以明确。

（3）算法交易商被要求进行连续交易，以减少价格波动，使得交易更加有序。

（4）交易场所被要求在熔断制度上更加协调。

四、德国出台第一部针对高频交易的监管法案

德国金融监管部门认为 MiFID Ⅱ 的审议时间较长，而针对高频交易的监管已迫在眉睫。2012 年 9 月，德国联邦金融监管局（The Federal Finanicial Supervisory Authority，简称 BaFin）出台了全球第一部专门针对高频交易的监管草案（Act for the Prevention of Risks and the Abuse of High Frequency Trading），该草案分别于 2013 年 2 月、3 月在德国众议院与参议院通过。该草案的目的在于控制德国交易场所（传统交易所与多边交易设施）内高频交易可能带来的风险，主要框架与措施如下：

1. 将高频交易纳入监管对象

在德国金融市场中，当高频交易使用自己的账号交易或在其没有提供金融服务时（除非高频交易提供做市业务）无须受到 BaFin 的批准与监管。然而，在新的高频交易监管草案中，上述交易商都将根据《德国银行法》（German Banking Act）的要求成为监管对象，同时对新设立的高频交易实行市场准入制，明确高频交易从事做市业务时的做市义务。不过，根据该草案的表述，尚不清楚当高频交易不是通过交易场所会员而是通过赞助通道（sponsored access）或直接接入（direct market access）市场时是否也须遵循

上述规定。

2. 建立有效的风险控制系统

在新的高频交易监管草案中,高频交易的风险控制系统需要满足以下要求:(1)交易系统要有弹性,有足够的容量应对极端情况下的交易。(2)交易系统要保证没有错误指令的传输,同时具备市场出现混乱情形时的自我保护功能。(3)交易系统不得干扰市场的正常运行。

3. 界定高频交易中的市场操纵行为

欧洲证券与市场管理局(The European Securities and Markets Authority,简称 ESMA)认为如下高频交易中的行为可能导致市场操纵:(1)试探性指令(ping orders),是指向市场发出少量指令以探明潜在流动性的指令。(2)误导簇交易(quote stuffing),是指向市场发出大量的报单或撤单以增加其他参与者判断的不确定性,最终误导并延缓其他参与者交易行为而完成自身的交易。(3)引发动量交易(momentum ignition),是指向市场发出一系列报单或撤单以引导其他市场参与者跟随这一趋势,从而在市场价格形成过程中达到自身最优交易价格的交易。(4)分层与欺诈交易(layering and spoofing),是指提交很多订单并使其分布于整个订单簿,而订单的真实意图只在订单簿的一侧达成,交易一旦完成,另一侧操控性质的订单便撤销。

与通常市场操纵行为以是否影响市场价格为标准不同,高频交易中市场操纵行为的判定基于如下几个标准:(1)是否干扰或延迟了交易系统的正常运转;(2)是否使得第三方在交易系统中较难作出买入或卖出的决定;(3)是否对某些金融资产的供求关系造成影响或误导。

4. 交易场所需要建立预防机制

无论是传统交易所还是多边交易设施都需要建立预防机制,以应对市场价格急剧波动情形。例如,德意志交易所集团有根据市场波动中断高频交易的保护机制,判断市场是否波动过大的标准是根据历史数据计算并严格保密;部分交易所将频繁报单、撤单、改变订单等行为归类为过度使用交易所设施,并对这些行为征收一定的费用。

5. 指令成交比例（order-to-trade）与最小报价单位（minimum tick sizes）的限制

设置一定的指令成交比例可以防止高频交易频繁报撤单，干扰交易系统的正常运行；降低高频交易的指令成交比例，则更容易在市场中形成真实的流动性，市场中其他参与者不至于无法获得高频交易提供的流动性，形成所谓飘忽不定的流动性。然而，指令成交比例该设置为多少却是一个难题，因为不恰当的指令成交比例会增大买卖价差、降低市场流动性，所以科学测试并设定指令成交比例成为该监管措施的关键。

最小报价单位对于高频交易来说至关重要，例如，高频交易中交易商的做市策略其实就是利用信息不对称赚取买卖价差。与指令成交比例类似，过大的最小报价单位会导致市场流动性降低，过小的最小报价单位会影响市场价格发现过程，因为高频交易会利用过小的最小报价单位来掩饰自身的真实交易意图，从不使用高频交易策略的投资者处获取利润。因此，科学测试并合理设定最小报价单位也是此项监管措施的关键。

6. 监管机构对高频交易更多的知情权

监管机构需要高频交易提供更多的信息，包括高频交易策略的具体内容、参数设置等，以测试交易场所的系统能否承受此类策略，特别是在市场出现极端情形时。

五、第一宗针对高频交易的处罚案例

2013年7月22日，CFTC与英国金融市场行为监管局（FCA）对高频交易公司Panther Energy及一名交易员进行处罚。2011年8月至10月，该公司及该交易员涉嫌利用"超级电脑"在极短时间内发布大量欺骗性的交易指令（频繁报撤单），干扰了包括石油、大豆、小麦以及利率和股指在内的18个美国独立期货市场。据悉，CFTC禁止该公司和该交易员未来一年在美国进行交易，并要求该交易员上缴其总额达280万美元的交易收益，FCA则对其处以90.3万美元的罚款以及禁止从事交易6个月的禁令。此事件显示了金融监管机构加大市场监管力度，防止出现市场滥用现象的决心。

第四节　中国市场高频交易的监管建议

在回顾过去近 20 年海外市场高频交易的发展历程,特别是近期学者有关高频交易与市场流动性、市场稳定性和市场效率之间关系争论的基础之上,我们提出如下针对中国高频交易监管的政策建议:

第一,正确认识高频交易的发展现状,并理性思考高频交易对人类已有市场底层逻辑的改变。经过近 20 年的高速发展,高频交易已经彻底改变了人类传统的交易模式与市场微观结构,而且是那种最基础的、微观层面的重塑。在海外诸多市场,高频交易已经成为最主流的交易模式,交易量占全市场的八成左右,因此我们再去讨论市场需不需要高频交易已经没有意义,而应该考虑如何面对高频交易对市场的改变并解决在高频交易发展过程中遇到的各种问题。

第二,我们需要重新认识市场的基础经济学理论,特别是信息与价格的关系。过去近 20 年,高频交易恰好完美地阐释了信息与价格之间的复杂关系与动态过程,高频交易并不认同目前主流的新古典经济学,而是让一些更为"古老"的经济学理论,如哈耶克对市场过程的猜想得到了印证。因此,高频交易让交易回归了本源,即交易的目的不是预测价格的涨跌,而是让信息更快、更真实地反映到价格中去。

第三,梳理清楚高频交易与市场流动性的复杂关系,根据不同的市场情景制定不同的监管规则。在所有的学术研究中,高频交易对市场流动性的影响争论最大,从初期普遍认为高频交易提供流动性,发展到现在大部分研究认为高频交易提供的流动性过于虚幻甚至是消耗流动性。因此,如何建立良好的交易制度与监管规则,使得高频交易从动机上愿意且能够提供长久的流动性、抑制其消耗流动性的冲动成为关键。然而,更加需要警醒的是,我们不能为了流动性而追求流动性,因为市场流动性越好并不一定意味着市场效率越高,市场流动性和市场效率常常相互冲突,如果一定需要在这两者之间作出取舍,应该是优先保证提高市场效率,其次才是提供充裕的市场流动性。

第四，对高频交易的监管重点是在市场震荡与波动时期，而对日常正常市场并不需要投入过多监管资源。尽管高频交易愈发复杂，对高频交易与市场流动性、市场稳定性和市场效率之间关系的学术研究亦是众说纷纭，但仔细总结后发现，这些争论几乎都产生于即将或正在经历市场震荡与波动时期，而在市场正常时学者的结论几乎一致。这就告诉我们，日常正常市场无须对高频交易投入过多监管资源，此时的高频交易好比一个"好孩子"，而他真正成为对市场造成巨大伤害的"坏孩子"是在市场震荡与波动时期。因此，当出现市场震荡与异常波动事件时，对高频交易的监管需要提级到最高等级，警惕此时高频交易对市场的负面影响。

第五，出台针对高频交易的监管措施需要更为谨慎，因为高频交易的复杂性常常会"误伤"到其他类型的交易形态。已有研究发现，针对高频交易的政策监管，如设置指令停留时间、征收高频交易税、设置OTR限制等往往事与愿违，最终真实的结果与最初的设想大相径庭。因此，对于高频交易监管规则的制定需要高度谨慎，尽量避免那些有明显限制性、结果导向管理，特别是有具体量化指标的监管措施，更多从高频交易的行为动机和不同市场状态下高频交易发挥作用的视角进行政策监管和制定规则。

第六，高频交易带给监管机构最大的挑战在于需要在信息效率与做市效率之间找到一个平衡点。信息效率与做市效率并不总是统一的，这两者之间经常互相矛盾。从理论上看，存在这样一个交易速度的最优点，即信息能够以较快的速度反映到价格中去，同时做市机制对信息进入价格起到推动而非阻碍的作用。当二者出现矛盾时，应优先考虑信息效率，然后再考虑做市效率，因为促进价格发现进而提升市场效率是最终目标。

思考题

1. 海外市场对高频交易监管的核心逻辑是什么？
2. 针对高频交易监管的主要措施有哪些？
3. 针对高频交易监管的主要分歧是什么？

第九章 高频交易的监管应对

 视频资源

1. 美国高频交易的监管应对
2. 德国高频交易的监管应对
3. 发展中国高频交易的监管政策建议

第三部分
市场结构的变革与演进

第十章　欧盟金融市场结构

2007年11月1日,欧盟《金融工具市场指令》(MiFID)在欧元区经济一体化背景下正式实施。MiFID有三点监管创新:引入竞争和新兴交易系统、增加市场透明度以及规定"最佳执行"任务。MiFID实施三年多之后,深刻改变了欧盟金融市场微观结构,影响了投资者、投资公司、交易所,促进了统一、有效的欧洲金融市场的形成,降低了交易成本,增加了市场流动性和透明度,保护了投资者利益,最终促进了欧元区的经济增长。与此同时,在后MiFID时代,人们也重新评估和思考对场外交易市场、暗池交易和市场分割状况的监管政策。

第一节　欧盟《金融工具市场指令》(MiFID)基本概况

MiFID于2007年11月1日正式实施,其根本目的在于建立一个统一、有效的金融法规体系来监管欧元区金融工具的交易行为,这是欧盟金融市场[①]一体化的重要标志。随着MiFID陆续在欧盟各成员转化为本国法令得以实施,在MiFID的统一法律框架下,跨境筹集资本和金融交易更加便利,交易成本降低,市场流动性和透明度增强,投资者利益得到更好的保护,最终促进了欧盟经济的增长。

一、MiFID颁布的制度背景

金融市场处于经济发展的核心地位。随着欧盟经济一体化程度的加深(尤其是欧元诞生之后)和美国金融市场竞争压力的加大,客观上要求欧盟金融市场日趋开放、竞争愈加充分、资本流动更加便利,这就需要首先从立法上给予保障,确保欧盟金融市场一体化程度向纵深发展。

---

① 根据MiFID的定义,金融市场包括股权、货币、利率类等现货及其衍生产品市场。

1999年,欧盟委员会颁布了《金融服务行动计划》(Financial Services Action Plan,简称 FSAP),建议修订法律(尤其是 1993 年制定的《投资服务指令》)和 40 多项涵盖金融服务领域的法规,寄希望于形成统一的金融市场监管法律体系。然而,欧盟复杂的立法程序延缓了这一改革进程。2000 年,欧盟理事会建立了证券市场规范专家委员会,并于 2001 年通过了欧盟"四级立法程序模式"[①]。随后,MiFID 应运而生,它包括三个依次出台的法律文件:

(1) 2004 年 4 月 21 日,欧洲议会和欧盟理事会颁布的《金融工具市场第 2004/39/EC 号指令》,是 MiFID 的主指令,于 2007 年 11 月 1 日生效。

(2) 2006 年 8 月 10 日,在欧盟证券监管者委员会的协助下,欧盟委员会颁布的《实施 MiFID 的 2006/73/EC 号指令》,是 MiFID 中关于投资公司[②]组织要求和运作条件的实施细则。

(3) 2008 年 3 月 11 日,欧洲议会和欧盟理事会进一步颁布的《修改 2004/39/EC 号指令的 2008/10/EC 号指令》,是 MiFID 中关于投资公司保存记录的义务、交易报告、市场透明度和金融工具交易准入的实施细则。

MiFID 作为欧盟金融服务行动计划的重要组成部分,适用于 30 个市场[③],旨在将竞争引入原先占据市场垄断地位的各成员交易所市场,以期建立欧洲统一、有效的金融市场,降低交易成本,提高市场流动性,增加市场透明度,保护投资者利益,最终促进欧元区的经济增长。

二、MiFID 的监管创新

MiFID 界定了金融交易场所,规范了投资公司的设立条件和业务规则、金融市场信息披露和交易规则、监管部门职责与义务等,为欧盟金融市

---

① 四级立法程序模式如下:第一级是正式立法程序(制定框架指令),由欧盟委员会、欧盟理事会和欧洲议会完成;第二级是制定第一级框架指令的实施措施,由欧盟委员会、欧盟证券委员会和欧洲证券监管者委员会完成;第三级是各成员监管机关合作并与欧洲证券监管者委员会磋商,将前两级立法转化为相一致的本国立法;第四级是欧盟委员会对各成员国内立法与执行情况进行监管。

② 投资公司是指以向第三方提供一项或多项投资服务和/或开展一项或多项专业投资活动为日常职业或业务的法人,类似于中国的金融中介机构。

③ 包括欧盟当时的 27 个成员和冰岛、挪威、列支敦士登共 30 个相分离的市场。

场确立了一个综合监管框架,其核心在于保护投资者利益,其创新之处集中于以下三点:

1. 引入竞争机制和新兴交易系统

MiFID 对现状作出的最大改变是取消了原先《投资服务指令》中规定的"集中规则"条款,即要求中介机构必须在传统交易所市场执行金融交易指令。MiFID 通过引入竞争机制,明确规定投资公司可以内部撮合客户指令,从而改变欧盟部分成员金融市场中仅仅执行"集中规则"的现状,允许金融交易在传统交易所以外的银行和投资公司内部进行。MiFID 具体规定了以下三种金融交易场所:

(1) 传统的、受监管的交易所(regulated market),目前仍然是最主要的交易场所。

(2) 多边交易设施即 MTF,是由投资公司或市场经营者运行的多边交易系统,汇集了多方在该系统根据一定规则进行金融工具交易。在 MiFID 出台之前,MTF 作为新型金融交易场所其实已经出现在欧盟立法中,只是当时称为另类交易系统(alternative trading system,简称 ATS)。MTF 作为新兴交易系统,是金融交易电子化、网络化的产物,也是 MiFID 的真正创新,MTF 既可以交易传统交易所市场上的金融工具,又可以交易不在传统交易所市场上的金融工具,其中的代表包括 Chi-X Europe、BATS Europe 和 Turquoise 已经占据欧盟股权市场前十位中的三席(按交易量计算)。

(3) 系统化内部撮合商(systematic internalisers,简称 SI),即用自己的账户,在传统交易所市场和多边交易设施之外,自行处理客户订单的投资公司。

MTF 和 SI 都属于新兴交易系统,在成本结构、市场定位和交易特点等方面有独特优势,具体如下:

(1) 成本结构。新兴交易系统的电子系统对投资者的买卖指令直接撮合,避免向做市商支付价差;新兴交易系统大都允许匿名买卖委托,降低了大额委托因信息泄露产生的市场冲击成本;新兴交易系统使用传统交易所提供的运作环境,但却无须支付交易管理、信息发布等运作成本。

(2) 市场定位。新兴交易系统往往会集中于某些类别的金融工具,以期迅速获得生存所需的临界规模和足够的流动性,吸引投资者。

(3)交易特点。新兴交易系统采用最新的信息技术和数据系统,发展高效的委托传输和撮合系统,交易速度比传统交易所快很多。随着个人投资者不断提高网上交易的频率,新兴交易系统开始延长交易时间,甚至会提供24小时的全天候交易。

交易场所竞争机制的引入和新兴交易系统的启用,为投资者多元化[①]的投资需求提供了更加便利的交易平台,降低了交易成本,但同时也带来了新的市场分割。

2. 增加市场透明度

MiFID将市场透明度分为交易前、交易后两种。

交易前透明度主要体现为履行公开报价义务,即MTF和传统交易所一样,要为公众投资者提供当前金融工具的买入与卖出价格,SI对于同时在本系统和传统交易所交易的金融工具也要提供当前金融工具的买入与卖出价格。

交易后透明度主要体现为履行公开细节义务,即传统交易所、MTF和SI都要公开在其系统交易金融工具的交易量、交易价格和交易达成时间等,使公众投资者及时获悉完整的金融工具交易细节,保护投资者利益。

3. 规定"最佳执行"义务

由于交易场所分割往往导致价格分割,欧盟与美国金融市场强调"最优价格"不同,MiFID明确规定投资公司执行客户指令时应履行"最佳执行"义务,即投资公司在执行客户指令时,应综合考虑价格、成本、速度、指令执行可能性、规模、性质等多种因素,采取一切合理措施为客户取得最佳执行效果,"最佳执行"的目的在于更好地保护投资者利益。

"最佳执行"具体有三方面的要求:(1)投资公司无论针对何种金融工具和交易场所(传统交易所市场、MTF和SI),都应当建立和实施有效的制度安排,以履行"最佳执行"义务。(2)投资公司无论实施何种政策,都应当事先征得客户同意,在其指令安排或指令政策作出实质变动时通知客

---

① 这里"多元化"的含义是:根据MiFID规定,"最佳执行"不一定以成交价格最优作为唯一标准,而是结合价格、成本、速度、指令执行可能性、规模、性质等多种因素综合考虑。这与美国Reg NMS有很大不同。可参考笔者后面的分析。

户。(3) 投资公司应该监督指令安排和指令政策的有效性,适时修正存在的缺陷,并经常评估指令政策是否为客户提供了"最佳执行"结果。

在"最佳执行"规定下,最优价格不一定代表最优结果,而是要综合考虑价格、成本、速度、指令执行可能性以及指令性质等多方面影响因素的相对重要性;在考虑客户类型(零售客户或专业客户)、指令类型、金融工具和执行场所的情况下,上述影响因素的权重也会发生变化。这些改变使得传统交易所、MTF 和 SI 的竞争不局限于价格,而是综合各方面的竞争,最大限度满足了投资者多元化的投资需求,保护了投资者的利益。

三、MiFID 实施的影响

MiFID 实施的影响与经济后果可以分为以下六个方面:

1. 投资者利益

MiFID 最核心的价值在于投资者保护。MiFID 旨在向金融市场引入透明度,以应对内幕交易和其他交易欺诈,最终实现投资者保护的目标。

MiFID 有关投资者保护的规定分为两类:一是"确保投资者利益"的条款,主要是"最佳执行"的义务要求;二是有关利益冲突、投资建议和信息以及市场透明度要求等条款。"最佳执行"要求投资公司在执行投资者指令时,必须采取合理措施保障最佳执行效果,而其衡量标准不仅仅局限于交易价格,还需考虑执行成本、速度、交易和结算可能性以及其他影响执行效果的因素。在"投资建议和信息"中,MiFID 将客户按照受保护级别由高到低依次分为零售客户、专业客户和合格对手方[①],要求投资公司区分客户类型后评估其对投资产品的适用性。"利益冲突"要求投资公司采取合理措施识别其在提供投资建议或辅助过程中与客户之间或不同客户之间的利益冲突。"市场透明度"要求投资者拥有知情权和最终决定权,即投资公司在代表客户开展业务和决策前须向客户披露利益冲突的性质和来源。

2. 交易所竞争

MiFID 对交易所市场竞争产生了深远的法律影响,加速了交易所的并购进程。

---

① 合格对手方是指规范的金融机构和中央政府公共机构,也属于专业客户的范畴。

欧盟不仅有传统的、受监管的交易所,还有多边交易设施和系统化内部撮合商。MiFID的相关规定——取消"集中交易"、交易前和交易后的透明度要求、"最佳执行"义务,直接或间接地对交易所市场竞争带来影响。取消"集中交易"即废除了投资公司必须在受监管市场中执行客户指令的规则,这使得三类交易场所有了相同的起点,传统交易所不再拥有垄断地位,继而承认了多边交易设施和系统化内部撮合商的合法地位;而交易前和交易后的透明度要求以及"最佳执行"义务为交易所提供了公平竞争的市场环境,进而保障了市场透明度和投资者多元化的交易需求。

3. 投资公司架构

MiFID对投资公司的组织和业务提出了新的法律要求。

MiFID对投资公司的组织要求具体包括:公司治理、利益冲突防范管理、业务职能外包等。"公司治理"要求投资公司采取的治理结构和管理安排足以防范损害客户利益的行为发生。"利益冲突防范管理"要求投资公司的公司治理能够按照合理步骤识别可能发生的各类利益冲突。"业务职能外包"是指投资公司可以将由其自身进行的程序、服务或活动转移给服务提供者执行,但投资公司在拥有自由外包权利的同时,也应当承担相应的外包责任。

MiFID对投资公司的业务要求主要是指"最佳执行"原则,而最佳执行的价值不仅体现在投资公司和客户的微观层面,更是涉及市场层面——市场运行效率与质量。

4. 市场微观结构

MiFID对欧盟金融市场微观结构产生了一定的影响,主要体现为市场运行质量提高(买卖价差、市场深度、交易执行时间等流动性指标),交易成本降低(为原先的25%—90%),股权融资成本降低,投资者单笔交易订单规模明显减小,算法交易增多,暗池交易开始大量使用。

5. 宏观经济增长

MiFID对欧盟金融市场乃至宏观经济的增长产生了深刻影响。电子交易平台的兴起、多边交易设施和系统化内部撮合商的规范、内部撮合指令的实现,在给传统交易所带来竞争压力的同时,通过市场透明度的增加降低了交易成本,使得金融市场更加有效地配置资源,进而达到保护投资者的根本目的,而 MiFID 实施后的资源有效配置也的确为欧元区经济带来了 0.7%—0.8% 的 GDP 增长。

6. 市场整合与分割

MiFID 一方面整合了欧盟各成员原先相对独立的金融市场,另一方面引入新兴交易系统也带来了新的市场分割。如果没有法规与地域的限制,当投资者需求相对一致时,由于规模经济和网络外部性特点,交易场所之间的自由竞争将导致自然垄断的市场格局。但是,当投资者有非常多元化的交易需求时,自由竞争将会带来市场分割的局面,这也是 MiFID 实施后的欧洲交易场所存在激烈竞争和分割的深层原因,即投资者结构问题。

四、MiFID 的最新进展

MiFID 于 2004 年颁布、2007 年正式实施,其后又经历了 2008 年全球金融危机和经济逐步复苏的复杂过程,欧盟监管者也在实践中不断跟踪 MiFID 的实施效果和存在的问题,并计划进行有关修订。

1. MiFID 对场外交易市场的监管缺失

MiFID 将竞争引入场内交易场所后,传统交易所和多边交易设施之间的竞争的确带来了技术创新、交易费用的降低、市场质量(买卖价差、市场深度等流动性指标)的提高,最终保护了投资者利益。与此同时,场外交易市场(以下简称 OTC 市场)从电话沟通交易转向电子配对交易,降低了人工误差,提高了交易速度和质量。然而,MiFID 却没有考虑到 OTC 市场中交易方式与投资者行为的变化。

实践中,有些投资公司注册为系统化内部撮合商,而交易却发生在 OTC 市场,并已经占据欧洲股权市场交易量的 40%。MiFID 原先认为 OTC 市场上主要进行有特殊交易要求、批发类交易对手方、高于市场标准规模、在 SI 之外系统交易的大规模交易,所以 OTC 市场可以最大限度降低交易带来的市场冲击成本。然而,现实情况却是 OTC 市场中的交易规模往往低于市场标准规模,不会对市场价格产生显著影响,于是 OTC 市场中交易与场内交易并无明显差异,但它又不受 MiFID 的法规监管,因此 MiFID 对 OTC 市场存在监管缺失。2008 年的全球金融危机正是发源于 OTC 市场,现实情况需要欧盟监管者进一步思考如何更好地监管 OTC 市场。

2. MiFID 对暗池交易的监管缺失

MiFID 将交易场所分割后,使得交易场所市场竞争日益激烈、交易技术愈发重要,导致每笔订单的规模变小,市场参与者对于交易前和交易后的数据更加敏感。出于对交易中信息泄露的担忧,机构投资者开始广泛地使用暗池交易,即撮合未公开显示订单的交易平台。暗池交易的实质是一个"非公开的流动池",原先主要是为机构投资者大宗交易提供匿名的"批发市场",其目的是防止机构投资者交易信息泄露和降低订单对市场的冲击。然而,当暗池交易的比重日趋上升时,对暗池交易的监管日益重要,尤其是对其价格发现效率、透明度和市场公平性的重新评估。

例如,配对撮合网是暗池交易的一种,它在 OTC 市场上并没有自己独特的交易模式,仅仅将 OTC 市场看作传统交易所、MTF 和 SI 的业务延伸与拓展,但其在 OTC 市场上又不用执行 MiFID 对前三个交易市场透明度的监管要求。MiFID 对不同交易场所执行公平原则,而配对撮合网却可以让市场参与者(买方、卖方和对冲基金等)有选择客户的渠道,这就使得流动性不再基于公平原则,造成投资者"歧视"和分类,特别当配对撮合网的市场份额越来越大时,对其监管愈加重要。

3. MiFID 带来新的市场分割

MiFID 在整合欧盟各国金融市场的同时,通过将竞争引入交易场所市场带来新的市场分割。从保护投资者的角度看,市场分割是有副作用的。市场分割使得单个金融工具的供需情况被分散在多个交易中心内,即流动性分散,其结果降低了整个市场的流动性、透明性和定价效率,进而损害了投资者利益,影响了金融市场资本配置的功能。MiFID 正在进一步分析这种副作用是否影响欧盟金融市场。

第二节 修订后的欧盟《金融工具市场指令》(MiFID Ⅱ)

作为欧洲金融基础设施建设的重要组成部分,欧洲议会和理事会于 2014 年 4 月 15 日正式通过了修订的欧盟《金融工具市场指令》(MiFID Ⅱ),寄希望于通过建立更加完善、有效的市场竞争结构,增加市场透明度,加强对算法和高频交易的监管,加强对商品衍生品市场的监管,进一步保护投资者权益等新措施,从而建立一个更加安全、透明和有效的金融市场体系,更好地服务实体经济。

一、MiFID Ⅱ 的制定背景

2007 年 11 月 1 日,MiFID 正式实施,这是欧盟金融市场一体化的核心支柱。MiFID 建立了对银行和投资公司提供金融产品的投资服务的监管框架,也制定了对市场运营者运作的监管框架,其目的是加强欧盟金融市场的一体化、提高竞争力和效率。

然而,MiFID 生效之后,金融工具交易场所之间的竞争日益加剧,特别是在 2008 年全球金融危机后,先前未曾考虑过的问题都暴露出来。首先,竞争加剧在降低投资者成本的同时也带来了市场分割,使得交易环境更为复杂,特别是在数据搜集和透明度方面更是如此。其次,市场和技术的发展如高频交易的发展超越了 MiFID 覆盖的范围,交易场所之间的透明度、公平性受到挑战。再次,对于股票以外的金融工具,特别是机构之间交易的场外市场产品的监管处于空白。最后,金融工具的创新加速和日益复杂需要更高水平的投资者保护。

MiFID Ⅱ 的目标是建立一个更安全、可靠、透明和尽责的金融体系,这也是建立更为一体化、高效和富有竞争力的欧盟金融市场的保证,最终达到金融市场服务实体经济、增加就业的目的。此外,根据 G20 峰会对监督和透明度不够的部分金融体系加强监管的决定,提高各类市场的组织、透明度和监管水平,特别是对各类场外工具的监管,MiFID Ⅱ 也是一个必要的工具,它补充了欧盟关于场外衍生品、中央对手方和交易存托机构的立法建议。MiFID Ⅱ也对包括商品衍生品的监管和透明度提出了新的要求,以保证其风险规避和价格发现的功能。

二、MiFID Ⅱ 的制定过程

为了弥补欧盟不同成员国内规定之间的不一致,MiFID Ⅱ分为两个部分:一个规则(MiFIR,即《金融工具市场监管条例》)和一个指令(对原先的MiFID的修订)。MiFIR规定了针对公众的交易透明度数据和针对监管者的交易数据披露要求,衍生品在有组织场所交易的强制要求,对金融工具和衍生品头寸的特别监管规定以及第三国公司不设立分公司下的经营范围等。指令则对如下方面进行了修订补充:投资服务提供、目前指令豁免范围、交易场所的组织规定、数据服务提供商的授权和义务、合格监管部门的制裁权利、第三国公司设立分公司的相关规则等。

MiFID Ⅱ经过了主要相关方包括监管机构、市场参与者(发行人和投资者)的广泛讨论,在2010年12月8日到2011年2月2日之间进行了公众咨询,还参考了由欧洲证券和市场管理局(ESMA)发布的文件和技术建议。此外,修订过程还起用了两个外部咨询项目,包括市场活动数据搜集项目和成本效益分析项目。

2011年10月20日,欧盟委员会结合欧盟金融市场的真实运行情况,以提升投资者信心和完善MiFID监管理念为目的,正式颁布了MiFID Ⅱ草案,将其作为金融基础设施建设的重要组成部分,并致力于建立一个更加安全、透明和有效的金融市场体系。

2014年4月15日,根据欧盟立法程序,经过欧洲议会和理事会的协商,MiFID Ⅱ连同必要的实施技术细节规定在同一天生效。

三、MiFID Ⅱ 的主要内容

MiFID Ⅱ的主要内容集中在以下六个方面:

1. 建立稳健、有效的市场结构

MiFID的监管范畴包含三类场内交易场所:传统的、受监管的交易所,多边交易设施,系统化内部撮合商。然而,与场内交易市场相对应的场外市场并未纳入 MiFID 的监管范畴。MiFID 原先认为场外市场可以最大限度降低交易带来的市场冲击成本,故不再对其进行专门监管,然而现实情况却大相径庭。大部分场外市场中的交易规模并没有显著高于市场标准规模,即使将其纳入场内市场交易也不会对市场价格造成冲击,真实的场外市场正在"变质"——包含一部分具有场内特征但又不受监管的交易,这既降低了市场价格发现效率、损害了投资者利益,又有悖于 MiFID 的核心价值。

MiFID Ⅱ 希望所有交易都能够在受监管的场所中进行,致力于改变先前对场外市场中类似于场内交易部分的监管疏忽,重新定义一种新型交易场所(organized trading facility,简称 OTF),并将其纳入与场内交易场所相同的监管范畴。OTF 的涵盖范围很广,包括投资机构之间的交易平台(如配对撮合网)、场外市场中标准化衍生品的交易平台等,只有基于特殊目的的股票、债券交易和非标准化的衍生品交易会放在不受监管的场外市场。因而,MiFID Ⅱ 监管的交易场所包括传统交易所、MTF、SI 和 OTF。为了保持 OTF 的中立性,MiFID Ⅱ 对其资本金运用等都有严格限制。MiFID Ⅱ 特别强调交易需要在一个受监管的平台上进行,确保交易对手能够履行相应的责任,不仅对于传统的股票交易,对于在《欧洲市场基础设施监管规则》(European Markets Infrastructure Regulation,简称 EMIR)框架下清算且有足够流动性的衍生品也有此类要求。同时,投资公司必须授权成为多边交易设施,才能通过其内部匹配系统执行客户的股票、存托凭证、交易所交易基金等类似金融产品的订单。

关于场外衍生品,根据 G20 峰会将所有标准化的场外衍生品合约放到交易所或电子交易平台的要求,MiFID Ⅱ 要求所有符合结算要求并有足够流动性的衍生品必须在受监管市场、MTF 或者 OTF 交易。欧洲证券和市场管理局对一个符合结算要求的衍生品在什么情况下具备足够的流动性进行评估,以便到各类有组织的场所交易。

与此同时,MiFID Ⅱ 不再将市场竞争局限于交易场所,也在类似清算业务这类交易后服务中引入竞争,并扩展到场外和场内各个金融工具,最终为投资者提供更好的服务。例如,尽管垂直的清算模式有利于交易与其他产品设计环节的沟通,但却会有损效率和市场竞争的公平,MiFID Ⅱ 要求每个交易场所都向清算机构平等地开放数据,这样使得清算机构可以为不同的交易场所提供清算等交易后服务,从而带来交易后领域的市场竞争。MiFID Ⅱ 对可互换性(fungibility)也提出了更高的要求,即让更多的产品能够实现在不同交易场所之间交易和清算,从而实现不同市场之间净额或组合的清算模式。

鉴于中小企业对欧洲市场经济增长和就业的巨大贡献,而传统的银行与金融市场却对其融资有诸多约束,MiFID Ⅱ 以 MTF 为载体,建立了专门针对中小企业融资的市场,以实现保护投资者权益和满足实体经济需求的目的。

2. 增加市场透明度

指令驱动市场中交易前透明度的重要性大于交易后透明度,所以 MiFID 对传统交易所、MTF 和 SI 这三类指令驱动市场中交易前透明度的要求较为严格。MiFID 认为,场外市场中的交易大都是非标准化合约以满足投资者个性化需求,做市商在场外市场中起到了基础性的作用(撮合成交与提供流动性),是一个典型的报价驱动市场(报价驱动市场交易后透明度的重要性大于交易前透明度),所以 MiFID 对场外市场不再要求交易前透明度,但仍然会要求交易后透明度,只是时间上可以有所推迟。然而,当电子化交易在场外市场中大量使用后,交易方式逐渐从双边交易的做市商制度转向多边交易的竞价机制;场外市场中交易的产品也不再是非标准化合约,诸如固定现金收益和即期外汇合约等标准化合约开始大量交易;传统的以做市商为主的报价驱动的场外市场显示出指令驱动市场的特征。

于是,MiFID Ⅱ 重新审视针对场外市场中有关透明度的监管措施,要求场外市场与场内市场一样,都要满足交易前透明度的监管要求,同时对所有债券、有招募说明书的结构性金融产品、有中央清算的衍生品和用于贸易结算的衍生品等制定更为细致的交易后透明度的监管要求。与此同时,MiFID Ⅱ 在提高股票市场透明度的基础之上,第一次为非权益类市场(如债券市场和衍生品市场)建立了透明度的披露原则,拓展其交易前与交易后的透明度要求,尽管没有权益类产品那么严格,但毕竟走出了第一步。具体而言,交易前透明度豁免仅适用于大额订单交易、报价及语音交易申请,此时,交易场所只需公布最优买卖价格;交易后透明度对所有金融工具适用,但存在酌情推迟或不公布的可能性。MiFID Ⅱ明确了各类交易场所的职责,使得交易前、交易后数据可以在一个适当的商业基础上获得,以及为交易后数据建立统一的记录机制,以达到有效整合和合理披露交易数据的目的。

此外,近些年来,投资者开始广泛地使用暗池交易(如配对撮合网)——撮合未公开显示订单的交易平台,它可以分别在 MTF、SI 和场外市场中作为投资者的交易平台。在 MiFID 的框架下,暗池交易可以分为两类:一类是适用于交易所和 MTF 中避免披露交易前信息的暗池交易,另一类是由做市商使用的暗池交易,这两类都无须披露交易前的价格、交易量等信息。MiFID Ⅱ则加强了对上述两种暗池交易的监管,尤其是对其中的豁免条款增加了更为细致的认定,而豁免条款必须能够证明其不会影响公平竞争和价格发现效率。

MiFID Ⅱ也提高了对于市场数据质量和连续性的要求,同时降低了市场数据的获取成本,特别是一些整合后的、完整的交易数据将会被投资者获悉,从而有利于投资者交易,最终提高市场价格发现的效率。

3. 监管高频和算法交易

高频和算法交易在提高市场交易效率的同时,也带来了新的风险,包括对市场冲击成本的影响、公司重大事项公布时股价的异动、海量订单对交易系统的冲击等。MiFID Ⅱ明确限制高频与算法交易的发展,使其受到适当的监管,并引入一系列安全保护措施,一方面针对使用高频和算法交易的市场参与者;另一方面也针对发生高频和算法交易的交易场所,具体包括:

(1)要求各种算法交易商将策略向监管者报告,交易场所会员在高频和算法交易商接入市场时要对其加以更严格的检查。目前,监管者不清楚高频交易使用何种策略,通过哪种策略产生交易指令,交易场所会员也可能对于使用他们的系统的交易商的策略不加检查。

（2）交易场所被要求对诸如非正常交易、过度价格波动和系统超载加以强有力的控制。为避免系统负载过大，对市场参与者每次交易发出的指令应加以限制，同时对交易场所通过降低报价单位或设计收费系统来吸引指令流也须加以限制。另外，对下单成交比和最小波动价位也须加以明确。

（3）算法交易商被要求连续交易，以降低价格波动，使得交易更加有序。

（4）交易场所被要求在熔断机制上更加协调。

（5）使用高频和算法交易的投资者必须注册为投资公司，并建立相应的风险管理体系，尤其是要保证高频和算法交易商在做市交易时能够起到提供流动性的作用。

4. 加强监督权力

为了满足 G20 峰会的各种监管要求，MiFID Ⅱ 加强了监管者的角色和权力。在某些特定产品、服务或做法有可能威胁投资者保护、金融稳定和市场正常运行时，通过欧洲证券和市场管理局协调，监管者可以对这些产品、服务和做法加以禁止。投资公司被要求向监管者报告所有在受监管市场上允许交易的金融工具的交易情况，不管这些交易在何处发生。这套交易报告系统将使得监管者可以监督投资公司的行为，帮助监管者确保投资公司行为符合 MiFID 规定，并监督这些行为不违反《市场滥用指令》（Market Abuse Directive，简称 MAD）。

此外，MiFID Ⅱ 寄希望于各国借助 G20 峰会达成的共识，加强对商品衍生品市场的监管力度和市场透明度，尤其是对衍生品交易履约责任的强调，具体包括：

（1）在所有有组织的交易场所，根据交易者类型公布头寸报告以增加市场交易的透明度。这一分类信息将帮助监管者和市场参与者更好地评估这些市场的资金流的角色。

（2）赋予各国证券期货监管机构相协调和更综合的权力来监督和必要时干预商品衍生品交易全过程的活动，包括在市场完整性和有序运作遭到威胁时对商品衍生品头寸限额的权力。提供商品衍生品交易的场所被要求对活跃交易者的行为加以合适的限制,通过适当的技术手段来保证市场完整性和效率。

(3) 只有当企业不隶属于金融控股集团,利用商品衍生品进行自身财务管理或为自身非主营业务提供投资咨询业务时,MiFID Ⅱ才给予其一定程度的豁免权。

(4) MiFID Ⅱ对于其他衍生品市场增加交易前和交易后透明度的监管要求同样适用于商品衍生品市场。

5. 增加投资者保护

MiFID中已经包括一系列旨在提供投资服务时保护投资者的措施。这些措施考虑了服务的类型(如是投资建议还是执行指令)、客户的分类和给予零售投资者更多的保护。MiFID中既包括商业行为要求(如搜集足够的信息来保证提供的产品对客户是适合的),也包括组织要求(如识别和防范利益冲突)。

MiFID Ⅱ进一步加强了对投资者的保护,具体内容包括:

(1) MiFID Ⅱ在MiFID基础之上,将投资者利益保护范围进一步扩大到之前没有覆盖的更多金融产品、金融服务和金融机构。

(2) 加强商业行为准则以更大限度地保护投资者利益。有关投资建议的规则在独立性和长期性方面都要加强。尤其是在开展资产管理、投资咨询和结构性金融产品销售等业务时,基金经理或咨询师禁止从第三方获取佣金。

(3) 加强为投资者提供业务的组织要求,尤其是投资公司的公司治理和管理层责任。

(4) 加强行政执法力度以达到保护投资者权益的目的。

6. 针对非欧盟企业的制度安排

MiFID Ⅱ希望在欧盟形成统一市场,并且各成员能够发出同一种声音。

MiFID对非欧盟国家企业并不适用,然而,MiFID Ⅱ希望这些企业也能执行新的法规。欧盟委员会建立了非欧盟国家企业能够顺利进入欧盟金融市场的统一制度,这个制度是建立在该国司法管辖区有效性评估基础之上的。该制度只适用于跨境投资服务和一些能够提供专业对手方的商业活动。在过渡期的三年和等待欧盟委员会评估期间,第三国制度可以继续使用。

 思考题

1. 请简述 MiFID 的基本框架。
2. 请简述 MiFID Ⅱ 的基本框架。
3. 请比较 MiFID 和 MiFID Ⅱ 的异同。
4. 如何理解 MiFID 带来了市场竞争?

 视频资源

欧盟 MiFID 及其修订草案的影响

第十一章 美国证券市场结构

2007年,美国Reg NMS正式实施。Reg NMS以保护投资者利益为核心,将引入公平竞争作为解决证券市场结构性矛盾的方法,力求在公平性和市场效率之间达到新的平衡。Reg NMS深刻影响了传统交易所和另类交易系统的生存状态,在一定程度上统一了金融服务市场,建立了证券市场的规范化框架,提高了经济资源配置效率,但也带来了新的市场结构问题。

第一节 Reg NMS的制度背景

证券市场具有三大基本特征:网络效应①、公共产品②和流动性③,而技术发展、市场竞争和监管政策是证券市场结构演进的三大驱动因素。

2007年正式实施的Reg NMS正是在技术发展和市场竞争的新情况下出现的监管政策变化,它反过来又促进了技术发展和市场竞争,具体包括以下几方面:

(1) Reg NMS深刻影响了美国证券市场中的三类交易场所(证券交易所、证券交易商与另类交易系统)的生存状态。

(2) Reg NMS补充了1934年《证券交易法》第11A部分的相关规定,具体包括:指令保护规则(Order Protection Rule,Rule 611)、访问规则(Access Rule,Rule 610)、亚美分规则(Sub-Penny Rule,Rule 612)和市场数据规则(Market Data Rules,Rule 601和Rule 603)。

(3) Reg NMS以保护投资者利益为核心,引入公平竞争作为解决证券市场结构性矛盾的方法,通过利益相关者的激烈博弈,在公平性和市场效

---

① 随着证券市场参与者增多,网络规模效应会增大,证券市场功能将得到充分发挥。
② 证券市场交易具有外部性,尤其是价格发现机制为资产定价和资源有效配置提供了基础。
③ 无论证券市场交易情况如何,都需要保持流动性以维持市场质量,并实现价格发现机制。

率之间达到新的平衡,这在一定程度上促进了金融服务市场的统一,建立了证券市场的规范性框架,提高了经济资源配置效率。然而,Reg NMS 以最优价格作为唯一最佳执行标准,无法满足投资者多元化[①]的交易需求,这在一定程度上妨碍了 Reg NMS 的实施效果和功能发挥。

一、20 世纪 70 年代前的美国证券市场结构

20 世纪 70 年代之前,美国证券市场结构处于自然演进状态。1933 年《证券法》和 1934 年《证券交易法》主要用来监管信息披露和市场操纵,并未涉及证券市场结构。根据《1938 年马洛尼法》,即 1934 年《证券交易法》第 15 章 A 部分的修正案创立的自律组织——证券交易商协会(NASD),确立了美国证券市场监管的三层架构,包括立法机构(国会)、政府机构(美国证券交易委员会(SEC),对国会负责)和自律组织(交易所、NASD 等)。

在自律组织中,纽约证券交易所[②]是这一时期美国最大的证券交易所,1973 年的交易量和市值分别占据全美交易量和市值的 74.93% 和 82.07%。然而,由于交易所产业的自然垄断性,NYSE 利用垄断地位收取了固定佣金费率,[③]损害了投资者利益,妨碍了公平竞争与经济资源的有效配置。

二、1975 年建立的全国市场系统(NMS)

1975 年,美国国会通过了对 1934 年《证券交易法》的重要修订,其中第 11A 部分(Reg NMS 的前身)首先取消了证券交易所的固定佣金费率,[④]其次授予 SEC 建立证券交易"全国市场系统"(NMS)的职责,以解决当时投资者在不同交易所或市场购买相同股票时价格差异较大的问题,其目的在

---

① 这里"多元化"的含义是:投资者不一定以成交价格最优作为唯一标准,而是会结合价格、成本、速度、指令执行可能性、规模、性质等多种因素综合考虑。
② 美国证券市场包括三家全国性交易所(纽约证券交易所,简称 NYSE;美国证券交易所,简称 AMEX;纳斯达克,即全国证券交易商协会自动报价系统,简称 NASDAQ)、五个地区性股票交易所和另类交易系统(ATS)。
③ 1792 年,24 家经纪商签订了著名的《梧桐树协议》,同意限制场外交易和设立最低固定佣金。
④ 放松交易佣金费率的改革总体上是成功的,但佣金收入减少后,经纪商在开展经纪业务的同时增加了自营业务,带来了新的利益冲突。

于建立统一的金融服务市场,克服市场分割带来的效率降低,这也标志着监管政策开始影响证券市场结构,美国的监管体系从分散监管走向统一监管。

NMS的立法理念在于引入市场公平竞争,具体包括:(1)所有交易中心有机会和NYSE竞争;(2)所有投资者有机会以市场最优报价执行订单。

NMS的四个具体目标是:(1)合理的交易成本;(2)经纪商、自营商和市场间的公平竞争;(3)报价和交易信息的广泛获取与便利;(4)在保持效率、最佳执行和无须经纪商参与的情况下,为投资者的委托订单提供交易机会。然而,上述看似完美的定义在实践中并不清晰,甚至有着内在冲突,例如,最佳执行难以准确定义(如价格与速度,应该优先考虑哪一个),报价透明导致另类交易系统可以利用交易所价格发现过程"搭便车"等诸多问题。

实施NMS之后,美国证券市场逐步形成了两个统一市场,一个是以NYSE为主导的全美市场系统,另一个是NASDAQ全国市场系统,两者的监管规则并不相同。以NYSE为主导的全美市场系统是一个以人工交易为主的"慢"市场,主要基于市场间交易系统(the intermarket trading system,简称ITS)。ITS基于自愿原则,连通了美国两大全国性交易所(NASDAQ除外)和五个地区性交易所,使得美国证券市场有可能为投资者提供全美最佳买价和卖价的交易信息,并将订单发送到更好的市场中执行以避免穿价交易;①其中的统一证券行情协会(consolidated tape association,简称CTA)和统一报价计划(consolidated quotation,简称CQ),目的在于公开市场信息,使得投资者知道交易前和交易后的价格信息。然而,ITS未能如设想的那样发挥作用,原因之一是ITS实际上保留了NYSE市场的核心角色,即允许或迫使经纪商委托进入NYSE市场寻求最优成交价格后,才能转移到其他市场达成交易;原因之二是ITS未提供自动执行委托,交易订单有时需要等待30秒钟才能交易,结果ITS成为事实上的信息中心;原因

---

① 例如,交易所A目前的最佳买入价是10美元,交易所B的卖出委托不允许低于10美元,如果低于10美元,应将交易所B的买入价调整为10美元,或将委托转移到交易所A以10美元成交。

之三是 ITS 的修订需要全体成员一致通过，烦琐的程序阻碍了系统完善和技术更新。与 NYSE 市场相对应，NASDAQ 全国市场系统是一个以电子化交易为主导的"快"市场，主要是 OTC、UTP[①] 计划，即所有交易中心和报价中心（证券交易所、NASD 和电子交易平台等）必须对在 NASDAQ 全国市场（NNM）和小型资本市场（SCM）中交易的上市证券数据进行统一处理并达成交易。于是，NYSE 和 NASDAQ 形成了美国证券市场中的双寡头。NYSE 由于具有市场垄断地位使得技术创新动力不足，而 NASDAQ 的电子交易网络系统发展迅速，开始动摇 NYSE 的市场垄断地位。

NMS 最重要的作用在于建立了一个相互连接的、多中心的美国证券市场结构体系，但是 NMS 忽略了投资者交易需求的多元化。例如，有的投资者希望交易迅速，而如果将需要快速成交的订单传送到速度缓慢的 NYSE 市场中执行，这虽然维护了 NYSE 市场在美国证券市场中的主导角色，却损害了投资者利益，尤其在电子化交易迅速发展后，上述问题更加突出；有的投资者希望最小化市场冲击成本，这在 NMS 的框架下无法实现，于是暗池交易应运而生，投资者选择在 NMS 监管之外的系统完成交易，这就带来了新的市场分割。总的来说，在形成全美统一金融市场的过程中，自动交易和人工交易促成了快、慢两个市场，使得 NMS 建立统一金融服务市场的目标并未真正实现。

三、21 世纪初实施的 Reg NMS

在随后 30 年的时间里，NASDAQ 和 ATS 继续迅猛发展，并占据相当大的市场份额，IT 技术的发展使得交易进入毫秒竞争时代，投资者的指令流呈现分散态势。虽然分散的指令流活跃了市场，但从市场微观结构而言，处于不同市场的买入和卖出指令未能最佳配对，市场将无法对资产合理定价和引导资源最优配置。基于证券市场结构的新变化，尤其是与证券市场新技术发展水平相适应，SEC 在 2004 年于证券行业内公布了 Reg NMS，旨在强力推进证券市场统一和交易指令互动。2005 年，Reg NMS 在 SEC 的会议上以 3∶1 的投票结果通过。2007 年，Reg NMS 在美国正式

[①] 即未上市交易特权（unlisted trading privilege，简称 UTP）。

实施。

　　Reg NMS 的核心理念是引入指令竞争和交易场所竞争，证券市场要为投资者提供整个市场的最佳价格，或使交易转移到能够提供更好报价的市场上完成，新规则主要保护了中小投资者的利益（尤其是长期投资者），使其能够获得更优的交易价格。

　　Reg NMS 的主要内容补充了 1934 年《证券交易法》第 11A 部分的相关规定，具体包括：(1) 解决不同交易中心竞争问题的指令保护规则；(2) 解决单个市场与其他市场连接问题的访问规则；(3) 解决市场流动性和交易成本问题的亚美分规则；(4) 解决交易数据信息收入问题的市场数据规则。

　　Reg NMS 的颁布与实施标志着 SEC 在 NMS 的基础上进一步强化了市场连通。相比基于自愿原则的 ITS，Reg NMS 强制实施了避免穿价交易规则，严格执行了最佳执行机制，强化了市场间的连接。Reg NMS 迫使人工交易市场转向电子化交易市场，也为经纪商推出电子交易系统提供了法律依据。NYSE 和 NASDAQ 纷纷选择兼并收购电子交易系统（electronic communication network，简称 ECN）以完善交易所的电子交易系统，电子交易系统的普及成为美国证券市场转型的趋势。

　　ECN 是附属于 NASDAQ 做市商制度发展起来的新型交易系统。1994 年，William Christie 和 Paul Schultz 在《金融杂志》上发表论文研究了 NASDAQ 做市商通过合谋以保持高价差的现象，引起了美国司法部和 SEC 的进一步调查，并导致了集体诉讼。1997 年，SEC 制定了新的委托处理规则，要求 ECN 必须参与场内交易并与其他交易平台连通，这使得 ECN 迅速发展成为 NASDAQ 的交易撮合中心。ECN 将买卖盘通过连续竞价进行直接配对，其优势有三：(1) 节约了物理空间，突破了地理局限；(2) 将买者与卖者直接相连，这并不直接影响最后的价格形成与发现，仅仅在报价过程中产生影响；(3) 具有更小的买卖价差，即较好的流动性。ECN 使得传统的做市商制度具有了委托驱动的特点，重新界定了交易所的定义，为新兴交易系统的兴起提供了法律基础。

　　从美国证券市场结构变迁的角度看，Reg NMS 使得电子化交易市场成为主导趋势,人工交易模式逐渐消失;市场间竞争不再局限于同一市场的不同参与者,而是拓展至不同市场间的竞争,技术优势愈加重要,交易的低延时性和数据服务正在成为交易场所新的核心竞争力;美国证券市场形成了以集中监管为主、市场自律为辅的监管体系。

然而,由于 Reg NMS 以最优价格作为最佳执行义务的唯一目标,仅能满足部分投资者的交易需求,还有大量以最快成交速度、减少冲击成本等为目标的投资需求无法满足,尤其是随着高频交易者(其行为对证券市场的影响还不清楚)的迅速发展,Reg NMS 实施之后的市场质量变化尚无定论,甚至有研究发现,美国证券市场在 Reg NMS 实施之后有效买卖价差扩大,订单深度降低,交易成本增加,总体市场质量变差(Chung and Chairat, 2010)。

第二节 Reg NMS 的监管创新

Reg NMS 的监管创新主要集中在以下三个方面:

一、最佳执行

Reg NMS 关于最佳执行的规定主要体现为指令保护规则(Order Protection Rule,Rule 611)——以保护投资者获得交易中心自动执行报价所能达到的最优价格为基本原则,旨在解决不同交易中心的竞争问题。

指令保护规则能够保护投资者的限价委托单交易,增加市场流动性,尽量避免穿价交易。具体内容包含两部分:(1) Rule 611(a)(1)要求各交易中心[①]建立、维持和执行合理的政策与程序以避免穿价交易,进行跨市场保护;(2) Rule 611(b)(4)规定仅对自动报价(自动交易中心对委托单提供立即回应)提供保护,而对人工报价无法提供保护,即电子化的"快"市场不允许穿价交易,而交易大厅场内人工交易的"慢"市场允许穿价交易。

然而,Reg NMS 并没有禁止穿价交易,而是要求各交易中心尽量避免穿价交易;同时,只有位于委托单最高档的报价可以得到保护,比如,市场

---

① 包括全国证券交易所、交易所专家、ATS、OTC 做市商、巨额资金持有人。

A 中交易者的委托单是以 10.10 美元买 200 股、10.00 美元买 300 股某股票,市场 B 中交易者的委托单是以 10.10 美元买 100 股、10.05 美元买 1000 股该股票,当交易者将"以 10.00 美元卖 500 股"的指令发送到市场 A 时,成交结果是在市场 A 以 10.10 美元成交 200 股、在市场 B 以 10.10 美元成交 100 股、在市场 A 以 10.00 美元成交 200 股,而市场 B 的 10.05 美元买 1000 股的报价并没有得到保护,因为它不是市场 B 委托单的最高报价。如果市场 A 的交易者仍想继续完整执行委托单中的第二档价格,则要专门申请扫架订单(intermarket sweep orders,简称 ISO),ISO 也是一种限价订单,要求交易中心迅速执行订单而不考虑其他市场的更优价格,这主要是为信息交易者执行大额订单时提供的一种有效执行方式。由此可见,指令保护规则也无法保证投资者总能以最佳价格成交。

Reg NMS 的最佳执行要求强调价格优先,并提出了 NBBO 的概念。如果某个交易中心不能以最佳价格执行指令,而其他竞争交易场所提供自动报价,则交易中心应当将指令传送到能提供更好报价的竞争交易场所,即交易中心直接负责以可能的最佳价格成交的职责。

二、透明度

Reg NMS 关于透明度的规定主要体现为访问规则和亚美分规则。访问规则旨在解决单个市场与其他市场的连接问题,而亚美分规则关系市场流动性和交易成本问题。

访问规则通过要求公平获得报价①、设置访问费用限额②来协调不同交易中心的定价,并要求证券交易所和证券交易商禁止会员参与锁住或交叉保护报价③。该规则的实质是交易中心会员在公平有效获取交易设施报价咨询的前提下,允许非会员以间接方式获取报价咨询,并在收费和待遇方面做到公平。

---

① 即防止任何人通过交易中心会员、报价信息服务商或投资者获得报价信息。
② 即限制交易中心为访问保护报价收取的费用,每股不超过 0.003 美元。
③ 锁住报价是指某一做市商输入的最高买价等于另一做市商输入的最低卖价,从而市场中不再存在买卖价差。交叉报价是指某一做市商输入的最高买价高于另一做市商输入的最低卖价,从而市场上出现了非正常买卖价差。

亚美分规则禁止市场参与者接受、排列或发出价格增长小于1美分的指令、报价或指示（除非标价低于每股1美元），其目的在于防止交易者给出增幅极小的限价指令，使得原先限价指令提供流动性的激励效果会因丧失时间优先的风险而大打折扣。例如，如果买价是以10美元买20000股某股票，当投资者A以10美元买100股时位于委托单的末尾（按时间先后排序），而以10.01美元买100股时则会位于委托单的最前端。报价间隔实质是市场中最小的买卖价差，Reg NMS通过保护限价指令提高了美国证券市场交易的深度和流动性，降低了交易成本。

三、市场数据

在交易所原先的收入中，上市收入和市场数据收入大致相同，但目前市场数据收入部分增幅很快。Reg NMS关于市场数据的规定主要体现为市场数据规则（Market Data Rules，Rule 601和Rule 603），包括市场数据整合与市场数据管理，实质上解决了交易数据信息收入的问题。

市场数据规则具体包括三部分：(1) 修订了市场咨询收入分配方式，以反映市场咨询对价格发现的贡献；(2) 建立顾问委员会，以扩大对自律组织联合计划的参与；(3) 修订市场咨询分配和披露规则。

第三节 Reg NMS的评价标准

Reg NMS的评价标准集中于以下三个方面：最优价格、市场接连和与MiFID的区别等。

一、最优价格的评判标准

Reg NMS关于最佳执行的规定主要体现在最优价格上，而仅强调价格优先或最佳价格并不能达到最佳执行的目标，特别是同时存在电子化交易和场内人工交易时，"快速"的电子化市场往往需要等待"慢速"的人工交易市场以确定最佳价格。例如，IBM股票当前报价95.5美元，机构投资者可以立即以95.51美元买入20000股，但是为了等待人工交易市场报价，30

秒钟之后只能以 95.5 美元买进 200 股,其机会成本远比节省的交易成本要大。在真实的证券交易中,投资者往往会综合价格、成本、速度、指令执行可能性、规模、性质等多种因素考虑,单一的最优价格无法达到最佳执行目标,这也是影响 Reg NMS 功能发挥和实施效果的重要因素。

二、市场连接的脆弱性

2010 年 5 月 6 日下午,美国证券市场指数、股指期货、股指期权和 ETF 在 30 分钟内经历了 5%—6% 的突然下跌后迅速恢复,此即"闪电崩盘"事件。

在"闪电崩盘"的时间段内,投资者交易行为异常激进,突出表现为信息交易者大量使用扫架订单,这些订单占据了市场交易量的 32%,贡献了超过 50% 的市场价格波动。在市场下跌过程中,流动性的缺失导致投资者大量使用扫架订单,而这进一步加剧了流动性缺失;与之类似,在市场恢复过程中扫架订单又加快了市场价格的回归。这就使得监管者思考在价格大幅波动和震荡时,扫架订单的使用是否应该受到限制。"闪电崩盘"事件说明美国证券市场中不同交易市场之间的连接具有脆弱性,市场结构并不稳定。

三、与 MiFID 的区别

2007 年 11 月 1 日,MiFID 在欧元区经济一体化的背景下正式实施,该指令有三点监管创新:引入竞争和新兴交易系统、增加市场透明度、规定"最佳执行"义务。MiFID 与 Reg NMS 有如下几点异同:(1) MiFID 和 Reg NMS 的立法理念基本一致,都是建立统一的金融服务市场,不同的是 MiFID 整合了欧元区的金融市场,Reg NMS 则仅仅整合美国的证券市场。(2) 从市场透明度的角度而言,MiFID 有关交易前透明度的规定较 Reg NMS 广泛,MiFID 有关交易后透明度的规定较 Reg NMS 详细。(3) Reg NMS 与 MiFID 的最大区别在于"最佳执行"义务方面,两者规定"最佳执行"义务的目的都在于更好地保护投资者利益,本质区别在于"最佳执行"义务的执行主体和标准不同。Reg NMS 强调由市场作为主体执行客户指令,以"最优价格"为标准履行"最佳执行"义务;而 MiFID 是由投资公司作为执行主体,综合考虑价格、成本、速度、指令执行可能性、规模、性质等多种因素后执行客户指令,采取一切合理措施为客户取得最佳执行效果。总的来说,MiFID 考虑了投资者多元化的投资需求,较 Reg NMS 更为细致和科学。

 思考题

1. NMS 如何打破原有规则?
2. 证券市场是否存在自然垄断?
3. 什么是穿价交易?SEC 如何限制穿价交易的发生?
4. Reg NMS 如何影响市场效率?

 视频资源

美国 Reg NMS 的影响

第十二章　全球衍生品市场结构

从场内衍生品市场视角看,股权类产品具有交易的可互换性,而衍生类产品目前尚不具有可互换性,这是目前国际衍生品交易业务盈利远高于股权交易业务的重要原因;随着未来监管与立法的逐步变化,全球衍生品市场也有可能同证券市场一样形成激烈的竞争格局。从场外衍生品市场视角看,区块链技术将会对场外市场竞争格局产生深远影响。

第一节　可互换性对场内衍生品市场的影响

金融产品的可互换性是指同一金融产品的合约可以在不同交易场所交易,在某一交易场所买进的金融产品可以在另一交易场所卖出。对于股权类产品合约而言,不同交易场所可以交易基于同一股权产品的合约,这就为交易场所之间的竞争提供了可能。例如,在欧美股票市场,同一只股票可以在多达数十个平台上交易。对于衍生类产品合约而言,由于合约由某个交易所设计,因此在该市场开仓的合约无法到其他市场平仓。即使其他交易所设计出条款完全一样的产品,也只能在同一个"流动池"内交易。而流动性有向一个"流动池"集中的趋势,相反,股票可以在不同"流动池"内交易,非但如此,由于要保证投资者获得最优成交价,即使指令下到某个交易所,也有可能在其他交易平台成交。金融产品合约可互换性的本质在于将竞争引入同一金融产品的交易市场,使得交易场所之间竞争加剧,市场结构发生激烈变革,在竞争中重新寻找市场效率和安全的平衡点,进而使得传统交易所的盈利模式、并购重组和定价权发生改变。

一、可互换性与交易所竞争

金融产品合约的可互换性不仅可以决定交易所的盈利水平,还可以决定交易所在并购重组中的地位。

1. 互换性和交易所盈利模式

传统交易所主要依靠单一化的交易服务收费,随着交易所之间竞争的加剧(尤其是合约可互换性带来的交易所之间的竞争),交易服务收费的占比迅速降低,交易所不得不拓展业务,逐步实现收入多元化,具体包括:增加交易产品种类、实现交易与结算一体化、实施交易数据的商业化经营、开展对金融行业的IT服务等。于是,在交易手续费收入稳定增长但占比下降的同时,清算、交收、存管等交易后服务和市场数据服务日益受到重视,成为当今交易所的重要收入来源和核心竞争力所在。为了迅速达到上述目的,传统交易所(尤其是股权类交易所)之间的并购重组风起云涌。除了交易所之间的并购重组,越来越多的传统交易所并购新兴交易系统和衍生品交易平台(包括在场内交易市场和OTC市场中交易的衍生品),以期扩大自身的产品价值线。基于此,全球金融市场结构(尤其是证券市场结构)发生着激烈变革。

2008年的全球金融危机反映了世界金融市场存在制度性缺陷,尤其是场外市场的不透明和对手方风险,可能会导致风险迅速在金融市场间传递,并影响实体经济发展。政策制定者、监管者和市场参与者都在寻求一种新的解决模式,主导思想是通过进一步引入竞争,在市场效率和安全之间找到新的平衡点:愈加透明的市场数据披露(包括交易量、价格和持有头寸等),更多的交易前和交易后透明度,中央清算体系和电子交易平台被纳入监管范畴,期望以此加强金融体系监管和降低系统性风险。监管者亦通过公开更多的市场数据提高市场流动性和透明度,最终降低交易成本和鼓励更大范围的市场参与。

然而,竞争必将降低行业中单个企业的利润率,例如,在欧洲实施MiFID之后的数年间,交易所利润率缩水了15%,将更多竞争引入交易场所的改革措施(在美国主要体现在《多德—弗兰克华尔街改革与消费者保护法案》(简称《多德—弗兰克法案》(Dodd-Frank Act))上,在欧洲主要体现在 MiFID 及其修订案和 EMIR 上)使得传统交易所的盈利模式受到巨大挑战,交易所调整盈利模式、并购重组与市场格局的重新安排不可避免。

2. 可互换性和交易所并购重组

自 2009 年底以来,传统交易所行业(尤其是股权类交易所)面临新一轮的并购重组浪潮,究其原因有以下三点:(1)全球化和地域分散成为交易所应对单一地区收入来源风险的途径;(2)成本协同效应在交易所并购重组中起了重要作用;(3)交易所并购重组后实力增强以避免成为其他交易所的并购对象,而对股权类交易所并购重组来说,其功能发挥的基础正是股权类产品合约具有交易的可互换性。

与 5—10 年前相比,交易所和交易系统的大规模并购重组并没有受到监管部门的过多干预(包括在衍生品交易领域),这一方面是因为国际金融市场融合程度提高,特别是传统交易所市场与 OTC 市场更加紧密地联系在一起,另一方面也是因为越来越多的跨境交易的兴起和发展,使得跨国合作成为常态。然而,当遇到一些影响深远的交易所并购重组时,特别是当影响到监管者和政策制定者心目中的系统性风险和无法消除的长久垄断时,政府干预与管制就不可避免,德纽交易所并购之难即为例证。衍生品合约不具有可互换性这一特性使得并购完成后的德纽交易所成为事实上垄断欧洲衍生品领域的交易所,这与欧盟委员会将竞争引入交易场所以寻找新的效率与安全平衡点的监管思路相悖。

从全球范围来看,交易所之间的并购重组和市场结构的激烈变革更多地发生在美国和欧洲市场,这源于它们对资本市场监管有相似的观点,即维持较大程度交易自由、所有权自由转让和竞争等;亚洲和新兴市场相对较少,这主要源于这些国家市场更多地将交易所看作国家金融安全的重要领域,限制竞争和垄断成为这些地区交易所发展的特点。然而,随着全球化和世界经济一体化进程的加快,通过引入竞争在市场效率和公平之间寻找新的平衡点的监管思路是大势所趋,亚洲和新兴市场的交易所和市场结构也将发生改变,或许会有更多交易所之间的并购以及交易所并购新兴交易系统和衍生品交易平台(包括场内交易市场和 OTC 市场中交易的衍生品)。

二、衍生品市场可互换性之争

衍生品合约的可互换性不仅决定衍生品交易所的商业模式,还会决定衍生品交易所未来的竞争格局。

1. 衍生品交易所结构现状

相比波澜壮阔的证券市场结构变迁,衍生品市场结构似乎还很稳定。在2008年的全球金融危机中,衍生品交易所保持了稳定,交易量甚至还有一定程度的增加。衍生品交易所的核心竞争力在于产品设计方面的先发优势、稳定的客户群体和技术投入成本以及合理的收费安排。与交易现货的传统股权类交易所相比,衍生品交易所并没有激烈的市场竞争,这主要源于衍生品合约交易具有不可互换性,投资者无法在不同交易场所交易同一种衍生品合约,无法将在某一交易场所买进的衍生品在另一交易场所卖出。衍生品交易的不可互换性限制了竞争,避免了市场过度分割,由于市场分割会带来流动性分散、透明度下降、交易成本增加,衍生品交易因此形成了目前相对垄断的模式。

近些年来,OTC市场中的衍生品交易迅速发展,并与场内市场逐渐融合。由于OTC市场具有不透明的特征,基金管理人和机构投资者出于降低市场冲击成本的考虑(尤其是在执行大额订单时)将原本应该在传统衍生品交易所的交易转向OTC市场,利用OTC市场监管相对宽松的特征达成特定目的的交易。一方面,OTC市场成为传统衍生品交易所面临的新竞争对手;另一方面,由于OTC市场中的流动性和交易前透明度等问题,使得投资者交易公平性和市场分割问题日益突出。《多德—弗兰克法案》出台后,OTC市场中衍生品有转向场内成交或清算的趋势,然而却没有形成一个统一的交易市场,而是纷纷组建新的互换执行设施(SEF)来进行场外产品的交易。清算方面,场内市场有一定的优势,因为场内和场外产品的相关性可以降低投资者成本,不过为了避免在一家市场形成垄断从而对市场参与者不利,市场参与者也通过在多家市场进行清算来阻止形成一家独大的局面,例如,美国洲际交易所等市场的信贷违约合约和能源互换合约结算量远超芝加哥商业交易所,形成了分散的市场结构。

与此同时,美国的衍生品交易可互换性问题开始引发讨论。如果衍生品与股权类产品一样具有可互换性,那么在某一传统交易所上市的衍生品在面临现有 OTC 市场激烈竞争的同时,还将迎来其他交易所和新兴交易系统的激烈竞争,而新兴交易系统有可能与当年股权交易类产品一样,再度借助市场的灵活性加剧这种竞争。在美国,期货交易可互换性的讨论得到了美国 SEC、CFTC 和美国期货业协会(FIA)的支持;与此同时,SEC 和 CFTC 也意识到可互换性会导致"搭便车"问题,所以期货交易所需要通过其他投资补偿。由于欧洲在这方面落后于美国,其衍生品市场结构变化尚未涉及于此。

2. 可互换性和 CME 面临的竞争格局

美国期货市场可互换性之争的经典案例是电子流动性交易所(ELX)与 CME 之争。ELX 成立于 2007 年 12 月,是一家由银行和交易公司组成的财团支持的电子期货交易所。2009 年,ELX 通过了一项期货交易的新规则,即赋予市场参与者私下协商后进行两次单独但实际是同一次完整交易的可能。在新规则下,投资者可以在 ELX 建立一个期货头寸,而在其他交易所进行该期货头寸的清算,通过在各自交易场所清算机构之间的转移,投资者实现了同一期货产品在不同交易场所之间的转移,这即被称为"期货换期货"(EFF)交易,从而实现了期货交易的可互换性。ELX 随即将 EFF 规则用于国债期货的交易,即投资者通过私下协商可以对其在 ELX 和 CME 两个交易市场中持有的国债期货头寸进行冲销,ELX 国债期货的交易量已经占据市场份额的 30% 左右,这直接威胁到 CME 在国债期货领域的垄断地位。尽管 EFF 交易在 2009 年 9 月得到了 CFTC 的许可,但 CME 仍然坚持认为 EFF 交易违反了现有规则。经过与监管层长达 9 个多月的辩论,CFTC 于 2010 年 8 月认为 EFF 交易并没有违反相关法律,CME 为阻止国债期货合约在 CME 和 ELX 两个市场间流动而提出的理由(流动不符合商品交易法的理念)并不准确。然而,CME 并未对 CFTC 的表态及其涉及商品交易法的反垄断调查作出任何回应。与此同时,CFTC 一直与美国司法部就相关信息进行讨论,而 CME 继续宣称 EFF 交易违反了竞争原则。至今为止，美国监管机构并没有签署任何强制 CME 支持 EFF 交易的条例，期货可互换性的前景依然未知。退一步而言，即使期货可互换性在美国得到监管机构的许可，在其他市场的接受程度仍然未知。

从 CME 面临的竞争格局而言，可互换性对其未来竞争前景意义重大。CME 上市后，股东大都变成了机构投资者，作为主要使用者的投行和交易所之间存在一定的利益冲突。例如，交易所试图通过提高收费来增加盈利，而一旦可互换性被打破，它们将面临利润缩水的直接挑战。ELX 的股东都是投资银行，尽管 ELX 未必盈利，但通过与 CME 的竞争，可以压制其提高收费的企图。此外，CME 也面临其他成熟市场的挑战。例如，在纽交所集团的 Liffe 期货交易平台上市的欧洲美元期货，尽管还没有实现可互换性，但因为其母公司纽交所集团既有期货业务又有现货业务，可以通过"期现协同"降低成本，因此也取得了每月几十万张的成交量；而 CME 反过来推出的 Liffe 主力品种 Euribor 合约却基本没有交易量。

3. 衍生品市场可互换性的未来

如果衍生品交易可互换性得以真正实现，传统交易所之间、新兴交易系统之间、传统交易所与新兴交易系统之间可能将展开激烈的市场竞争，新兴交易系统可能会如交易股权类产品一样借助电子平台的灵活性加入竞争队伍，期货等衍生品的现有交易模式可能将不复存在，传统衍生品交易所的利润率会大幅下降，当今激烈竞争的股权类交易场所的市场格局或许将是衍生品交易场所的未来。

尽管开放衍生品可互换性后，通过竞争可以在市场效率和安全之间找到新的平衡点，然而，鉴于衍生品交易大都涉及杠杆，与股权类产品基于公司所有权的合约交易有本质上的不同，保证金管理等风险管理措施成为衍生品交易的重中之重。如果衍生品合约拥有交易的可互换性，如何处理保证金等复杂的清算业务就成为一个新问题。一方面，监管层尚未有清晰的监管思路，还会受到市场中既得利益者的阻碍；另一方面，诸多衍生品可互换交易后的技术细节尚未解决，使得衍生品合约的可互换性在大势所趋的背景下任重而道远。

第二节 区块链技术对场外衍生品市场的影响

2008年全球金融市场发生了两件今天看来影响深远的事件：一是爆发了以美国次级贷款及其衍生品为代表的全球金融危机，之后监管机构开始强调场外衍生品市场的集中监管；二是一个化名"中本聪"的神秘人士发布了比特币系统，区块链技术的序幕由此拉开。值得注意的是，这两个事件背后的逻辑截然相反，场外衍生品市场强调集中治理，尤其是对交易后领域的集中监管；而区块链技术强调分散治理，即去中心化。

在强调集中治理的场外衍生品市场，2008年之后海外监管机构引入中央对手方（central counter parties，简称CCP）的理念，无论是美国的《多德—弗兰克法案》还是EMIR，都希望通过这种第三方监管模式降低场外衍生品市场的系统性风险，但实施十余年之后的效果差强人意。与之相比较，强调分散治理的区块链技术得以蓬勃发展，并触发了诸多领域的金融科技变革。因此，海外场外衍生品市场领域的学术界和监管机构开始思考，能否借用区块链技术分散治理的思想降低场外衍生品市场的系统性风险，但中国对此关注较少。

本节基于区块链技术的本质属性，从集中治理与分散治理的理念、区块链技术变革监管模式的具体路径、区块链技术实施落地面临的监管挑战三个方面分析其对全市场系统性风险的影响。研究发现，场外衍生品市场监管可以在区块链技术分散治理和中央对手方集中治理之间寻找到一个平衡点，进而提出了针对中国利用区块链技术发展场外衍生品市场的监管政策建议。

一、场外衍生品市场监管模式：集中治理与分散治理

衍生品有其天然的杠杆属性，这使得套期保值与投机常常界限模糊，因此控制风险至关重要，而场外衍生品市场却是交易量最大、监管最少、风险最难控制的一类衍生品市场。因此，对于场外衍生品市场应该选择集中治理还是分散治理一直存在争议。

1. CCP 的集中治理

场外衍生品交易是双边的,交易双方都无法准确定价和评估风险,当以信用违约互换为代表的场外衍生品引爆 2008 年全球金融危机之后,海外监管机构开始在场外衍生品市场,尤其是交易后领域(信息报告、清算、结算等)作了诸多改革。其中,最令监管机构感到棘手的是场外衍生品市场的风险往往无法控制在内部,而是会引发系统性风险。场外衍生品交易中一旦出现一方违约,不仅会影响交易对手的风险,还会引发基础资产、衍生品、衍生品的衍生品等一个系列链条上的风险传播,进而引发整个金融市场的系统性风险。更为重要的是,场外衍生品交易的生命周期与现货类产品截然不同,其"交易后"领域多是"长期"合约,例如,和股票交易后立刻执行与结算不同,场外衍生品交易后的执行和结算之间还有较长的时间间隔,这使得交易对手在这段风险敞口波动期间面临履约风险,而恰恰此时最易引发系统性风险。

为了应对上述场外衍生品市场交易后阶段的风险,海外监管机构于 2008 年全球金融危机之后采取的改革措施是引入中央对手方,即引入第三方集中管理交易双方在交易后阶段(信息报告、清算、结算等)的风险,其本质是充当买方和卖方之间的中介,通过"匹配"订单进入交易合同,将一个合同替换为两个合同。由于 CCP "吸收"并管理了对手风险,交易双方之间不会再产生对手风险。

然而,在实施十余年之后,海外监管机构发现这种 CCP 集中治理出现了危机,这源于集中化结构使得 CCP 不断集聚风险,其自己成为最大的系统性风险。尽管 CCP 亦在不断改革,不仅要求清算会员满足特定的标准和具备足额资本金,还要求交易对手采取提供抵押品、缴纳初始保证金、履行变动保证金等各种机制来保护自身免受潜在的违约风险冲击,但这些都无法阻止市场可能彻底崩盘。因此,场外衍生品市场集中治理的监管模式遇到了瓶颈。

2. 区块链技术的分散治理

区块链技术是一种去中心化的分布式账本技术(distributed ledger technology,简称 DLT),可以理解为是一个分布式数据库,它会保存每一个列表（链）的记录（块），以防止篡改和修订，从而使得任何单独保存的记录都可以进行比较和匹配。从本质上讲，区块链技术是一个点对点的网络，参与者可以在不需要第三方或中央权威的情况下安全地进行交易。因此，区块链技术的底层逻辑是去中心化与分散治理，越来越多场外衍生品市场领域的学术界和监管机构开始关注分散治理能否降低场外衍生品市场的系统性风险。

区块链技术中在场外衍生品市场最有应用前景的是智能合约。智能合约的想法是由法律学者和程序员 Nick Szabo 在 1994 年提出，智能合约是一组以数字形式指定的承诺，包括各方履行其承诺的协议。然而，由于缺乏为合约双方提供信任所必需的先进技术，智能合约一直未能得以应用，而区块链技术恰好承诺了这样一个稳定的平台和技术系统，智能合约正在从想法变成现实，尤其在场外衍生品领域，智能场外衍生品合约发展前景广阔。

二、区块链技术变革场外衍生品市场监管模式的具体路径

衍生品交易可以分成三个阶段：交易前、交易中和交易后，对于场外衍生品而言，其特殊之处在于交易后阶段时间较长，即执行和清算、结算之间有较长的时间间隔，而现行的 CCP 模式往往会在交易后阶段积累太多风险，从而引发系统性风险。因此，区块链技术在场外衍生品市场中的应用主要集中于交易后阶段。

1. 构建智能场外衍生品合约

智能场外衍生品合约可以实现合约条款在事前约定，并在触发机制达到时自动执行，即交易、清算、结算等过程不再需要第三方监督。例如，以场外衍生品中最复杂的、个性化最强的场外期权合约为例，智能场外期权合约会事前规定好期权的执行价格、交易数量和到期时间等，不仅初始保证金、变动保证金等通过数字托管现金账户进行支付，还可以根据参考标的价格变动自动计算各种波动保证金，从而使得场外期权交易不再需要类似 CCP 的第三方监管。

至此，智能场外衍生品合约可以通过区块链技术将各个场外独立的交

易账户通过网络相互连接并相互操作。首先,智能场外衍生品合约自动追加保证金,以准确覆盖交易生命周期中不同的风险敞口;其次,智能场外衍生品合约将抵押物从抵押物分类账户中释放出来,提高其利用效率;最后,智能场外衍生品合约自动计算并结清债务,付款也自动在现金分类账户上释放。这些操作使得场外衍生品市场中最大的难点,即交易后阶段的交易对手履约风险的问题得以解决。

2. 处置场外衍生品交易后阶段的风险

对于场外衍生品市场而言,其最大的风险存在于交易后阶段,即执行与清算、结算之间存在较长的时间间隔,即便有CCP参与其中,依然无法彻底解决此类问题,而区块链技术可以在一定程度上解决交易后阶段的风险问题。

(1) 化解交易对手风险和降低交易成本

首先,从化解交易对手风险的视角而言,每一个参与场外衍生品交易的投资者都会完整记录自身的交易,但无法看到交易对手的记录,这对于场外衍生品交易而言增加了风险,因为场外衍生品交易后阶段的时间较长及其存在的风险传染效应,使得市场参与者无法了解市场整体情况,有可能导致局部理性交易背景下的全局交易非理性。而区块链技术使得所有市场参与者都能够得到交易记录,特别是有了智能场外衍生品的"黄金分类账户",交易双方都可以实时地看到交易生命周期的全过程,同时也可以基于统一的数据增强内部对风险的预测和监督,这在无形间化解了很多误判,降低了场外衍生品市场的系统性风险。

其次,从降低交易成本的视角而言,2008年改革之后的《多德—弗兰克法案》和《巴塞尔协议Ⅲ》强制要求交易双方提高资本金,并需要持续证明自己的偿付能力和财务健康状况;而区块链技术可以大幅降低此类要求,为交易双方释放更多的资本金,投资组合的流动性会大幅改善。推演一种极端情况,目前诸多实体企业都是通过大型金融中介参与场外衍生品市场,而区块链技术使得金融中介的存在意义减弱,这使得更多的实体企业可以直接参与场外衍生品市场,从而使得之前风险集中在几家大型金融中介的状况得以改善,整个场外衍生品市场的系统性风险得以降低。

(2) 提高抵押品/保证金的利用效率

交易双方在进行智能场外衍生品合约交易之前,有义务在抵押品账户上保留一个钱包,用于提交初始保证金。同时,这种智能场外衍生品合约不仅与抵押品账户相连,还与参考标的资产账户相连,这种双重联系至关重要,因为智能场外衍生品合约可以自动计算价格波动(无论是参考标的资产还是衍生品合约本身的价格波动),并根据这些波动发出追加保证金通知。智能场外衍生品合约会给提交额外抵押品(变动保证金)的一方一个宽限期,并使其通过提交保证金通知要求的抵押品金额来更新其钱包。如果更新在宽限期内,合约关系将继续;如果该方提供的抵押品金额不足或没有任何抵押品,合约将自动终止,以保护其交易对手免受进一步损失。因此,上述区块链技术带来的智能场外衍生品合约,其自动化结构可以提供实时的抵押品/保证金更新,对降低操作风险和交易对手风险,并最终进一步降低系统风险至关重要。

更为重要的是,在传统的集中式衍生品交易中,支付与保证金更新之间存在时间间隔,因为差价保证金的结算发生在 CCP 重新计算敞口后几天,这造成了相当大的操作风险和进一步的交易对手风险。智能场外衍生品合约将抵押钱包、参考标的资产账户等同时连接,提供了一个简单化和标准化的解决方案。敞口测量和追加保证金通知是即时进行的,没有给偏差和抵押品结算延迟留下任何空间,以这种方式减轻交易对手风险。与此同时,《多德—弗兰克法案》和 EMIR 的要求(主要是因为中央对手方清算的引入)无意中迫使交易双方提供更多和更高水平的抵押品/保证金。智能场外衍生品合约则避免了这种抵押品/保证金更新的"拥挤",更加节约、更加高效地使用了抵押品/保证金。

(3) 形成基于净头寸管理的多边网络结构

由 CCP 主导的净头寸管理是一个非常重要的交易后过程,即交易各方通过平仓净额清算其未结算的交易,最终降低市场系统风险。由 CCP 主导的净头寸管理本质是一种多边网络结构,它有能力取消多方之间的多个交易,并以此减少市场敞口的名义价值。净头寸管理在股票等现货市场中的重要性并不突出,因为股票是现货交易,结算几乎是同时发生的,而衍生品

（尤其是场外衍生品）在交易后有很长一段时间的清算、结算阶段，因此场外衍生品市场的净头寸管理非常重要。

目前绝大部分基于区块链技术的净头寸管理是双边的，即通过智能场外衍生品合约的自我执行，交易双方可以更有效地、没有延迟地享受平仓净额结算的结果，但这缺乏对降低系统性风险至关重要的多边网络结构。多重签名技术，作为区块链技术的最新进展可以实现多边网络结构。具体而言，首先，一个智能场外衍生品合约的生成不再局限于交易双方，而是该合约所在"链条"上的所有人都可以选择签名确认以实现交易，这里"所在'链条'"是指该合约能够涉及的最小闭环所形成的网络结构；其次，智能场外衍生品合约生成之后，不仅可以在该"链条"上自动识别多边净额计算机会（清算、结算等），还可以自动通知相关交易对手；最后，智能场外衍生品合约在双边结算市场上通过多重签名技术进行了多边网络连接，从而实现了区块链技术净头寸管理的多边网络结构。

（4）替代不准确的交易报告制度

2008年全球金融危机之后，《多德—弗兰克法案》和EMIR都要求交易双方向监管机构提交交易报告，便于其监控市场交易情况，提高透明度与进行有效监管。然而，交易报告制度的实施情况并不乐观，这源于场外衍生品交易具有全球性，而各个国家对于同一种场外衍生品交易的法律和规则大相径庭，甚至交易"语言"都不一样，这使得交易报告中的信息无法标准化和统一化，导致监管无的放矢。

区块链技术能够提供一个全面而有效的解决方案，以标准化和通用的形式维护了一个不可变的历史记录，消除了监管上的不一致性，它可以设置统一的分类账户（交易、担保、支付、清算、结算等），不再需要交易双方提交交易报告，但监管机构可以实时访问任何交易数据。因此，区块链技术将对降低场外衍生品市场的系统性风险产生巨大影响，在该技术的支持下，监管部门可以实时监控交易的全过程，这不仅能够确保交易各方不参与威胁市场稳定的高风险交易，还能够追溯并识别哪一方违反了法律法规，进而予以制裁。

（5）增加场外衍生品市场的透明度

区块链技术在任何时间都能追踪过去的交易,这将对场外衍生品市场中的"反洗钱"和价格发现产生重大影响。交易双方不仅可以依赖区块链技术的不可变记录来评估彼此的信誉,还可以有更准确的估值,更少的对手风险暴露,更好的风险管理。因此,场外衍生品市场的市场透明度会显著增加。

（6）截断场外衍生品市场的风险传染效应

场外衍生品合约具有一定的私密性,其向监管机构提供的信息报告往往具有时滞,特别是监管机构掌握市场全貌的时间大大落后于市场真实情况出现的时间,这使得一旦风险暴露,风险的传染性极强。而区块链技术使得场外衍生品合约的交易形成了时时可以追踪、查看的非线性网络结构,一旦风险暴露,只需要截断其所在"链条"的一部分或整体即可控制风险,这源于其为一个最小闭环网络结构,即便是整体切除,也不会影响全局网络结构,因此不会像之前线性结构引发多米诺骨牌一样的风险传染效应。

3. 与 CCP 的互补/替代关系

区块链技术对于 CCP 而言,究竟是一种有益补充,还是一种颠覆性的替代,这取决于未来区块链技术的发展和衍生品自身风险管理模式的变革双重因素。

（1）集中化的清算制度在场外衍生品市场面临挑战

总体而言,《多德—弗兰克法案》和《埃米尔法案》通过引入 CCP 解决了 2008 年全球金融危机中暴露出来的大部分问题,场外衍生品市场从私下的双边交易转型为透明的有第三方监督的多边交易。然而,与中央清算制度在现货市场大获成功不同,场外衍生品市场能否适用中央清算制度仍然存在争议。究其原因,一是参与场外衍生品交易的投资者较为集中（往往就是几家大型金融中介机构）,二是其交易量和名义交易金额过于庞大,这使得 CCP 本身集聚了太多风险,一旦出现违约会带来多米诺骨牌效应,这将是全局性的系统性风险,比之前场外衍生品市场交易对手之间风险的传染性和破坏性更大。因此,CCP演变成了一个"大而不能倒"的金融中介机构。

更为重要的是,中央清算制度对抵押品和保证金提出了极高的要求,特别是当出现财务困境和极端市场时,这种不断提高的保证金和对高流动性抵押品的要求势必带来交易双方流动性的进一步缺失,反而会加剧金融危机的到来。与此同时,中央清算制度会带来清算会员的道德风险与逆向选择问题,本来清算会员更加了解交易双方,现在他们却将属于自己的监督责任和风险转移给了CCP,当一个CCP无法承接风险时,势必会成立更多的CCP。而场外衍生品交易作为一种全球化交易,上述机制会带来多国监管协调的新挑战,也会引发中央清算制度是否应该具有可互操作性(即清算是否互联)的讨论。

(2)区块链技术构建了去中心化的清算制度

尽管区块链技术的确可以在交易之后立刻清算、结算,但对于场外衍生品市场而言,其交易后阶段较为漫长,这使得交易和清算、结算之间不可能实现即刻完成,因此保留CCP是诸多国家监管者目前的选择。例如,欧洲央行(ESB)在展望区块链技术在金融市场的潜在应用时,设想了三种可能的情况:第一种情况,只有交易场所、CCP和结算会员转移到区块链网络;第二种情况,所有市场参与者都转移到区块链网络,其中任何一个CCP都将置于网络中作为节点,但会随着技术的进步而被淘汰;第三种情况,每一个市场参与者都与终端用户进行双边和直接交易、清算和结算,他们通过"零知识证明算法"实现信息不在网络上与全部交易者共享,而是仅供缔约双方使用。

尽管如此,高效的清算对于降低场外衍生品市场的系统风险仍是至关重要的,特别是对净额结算而言,当区块链技术发展到一定程度时,建立分布式清算网络(decentralized clearing networks,简称DCNs)将是最佳的解决方案。DCNs会是未来管理场外衍生品市场系统风险的一种有效方法。具体而言,首先,构建了一个分布式清算系统;其次,触发对应的合约规则时,智能合约可基于机器严格执行规则来履约,减少了违约情况和暗箱操作;

最后，区块链技术打破了时间、地域、业务、技术等限制，在不影响原业务体系的基础上，将资产池连接起来，提升流动性和利用率。这是一种中央结算功效的演化，系统性风险可以通过不可变的交易记录和实时报告"跟踪"，还可以通过区块链技术实现去中心化，以更有效的方式刻画精度、时间和成本等。因此，DCNs在集中治理与分散治理之间找到了一个平衡点，最终降低了场外衍生品市场的系统性风险。

三、区块链技术在场外衍生品市场监管中面临的挑战

区块链技术在场外衍生品市场应用前景广阔，但真正要落地还有很长的路要走，特别是会面临以下两种挑战：

1. 区块链技术自身的操作风险

当场外衍生品市场真正使用分散治理，即大量使用区块链技术作为金融市场基础设施时，该项技术自身的操作风险变得尤为需要关注，要确保不是用一种新风险替代了旧风险，特别是基于区块链技术的网络平台近年来也暴露出自身的一些问题，即"平台逻辑错误"。

除此之外，区块链技术的代码，就像所有代码一样，都会受到黑客的网络攻击，不过由于验证的分布式共识机制，这种对区块链技术代码的攻击几乎不可能发生。例如，在比特币中，必须对超过51%的挖矿节点进行同步攻击以实现代码中的恶意干预。然而，一旦场外衍生品市场使用区块链技术作为市场基础设施，将加剧黑客试图进行网络攻击的动机，即基础设施越重要，黑客攻击网络的动机就越强。监管机构在对待引入区块链平台作为场外衍生品市场基础设施时，必须考虑到这些敏感的问题，因为一个操作故障或攻击就可能会摧毁整个系统，并进一步引爆系统性风险。目前一个潜在的解决方案是在场外衍生品市场创建一个具有可互操作性的恢复分类账户，当区块链平台出现故障时，可以在该分类账户上自动进行账户转账。

2. 场外衍生品市场的可互操作性问题

由于场外衍生品是在全球范围内交易，因此可互操作性问题非常关键。现有市场体系包含分散的 CCP 和多个监管机构，交易、清算、结算等都缺乏可互操作性，因此市场缺乏效率。区块链技术可以在两个层次上对这一问题给出一个连贯的解决方案。首先，所有分层分类账户（交易、抵押品、参考标的、监管等）可以在特定的衍生品市场相互关联；其次，不同的衍生品市场（如基于产品）可以相互关联。这一模式将使分散的衍生品市场成为一个单一、通用、一体化、自动化和效率更高的市场。

从区块链技术角度而言，物联网（internet of things，简称 IoT）可以实现上述设想。IoT 使得每一个单独的数据设备同步，即创建了一个通用的设备网络，其中数据自动实时交换而不需要中央管理。场外衍生品市场可以从 IoT 中获益，即独立的场外衍生品分布式账本可以自动实现相互沟通和互动。对于场外衍生品市场而言，这意味着所有市场账本都将实时沟通，从而能够为场外衍生品市场提供一个整体的概览，并使监管机构能够在全球范围内监控和管理风险。这种机制的本质是：人们在各自分类账户上相互交互，分类账户之间也相互交互，从而实现了重要信息的共享。

对于监管机构而言，场外衍生品可以继续分散在不同的网络中，并按每种产品或国家进行分类，关键在于所有账本之间的可互操作性，即监管机构可以对整个市场的风险敞口进行比较和评估。至此，由不同分类账户（交易、抵押品、参考标的、监管等）组成的不同网络将完美连接，并自动共享信息。这种基于区块链的分散治理可为终端用户减少成本，提高市场透明度，更准确地观察交易动向，并方便实时监控。因此，IoT 可以形成一个易于监控的完整的全球场外衍生品市场，同时将交易后阶段的不同层次连接起来，提高及时性、准确性和效率，最终降低场外衍生品市场的系统性风险。

第十二章 全球衍生品市场结构

 思考题

1. 什么是衍生品合约的可互换性?
2. 请论述可互换性与市场竞争的关系。
3. 区块链技术对场外衍生品市场有什么影响?

 视频资源

衍生品合约不具有可互换性

第十三章　全球清算市场结构

清算所与交易所的治理关系可以分为两种——垂直清算模式和水平清算模式,分别是一家清算所为一家交易所和多家交易所进行清算[①]。清算的可互操作性是指投资者基于某种产品的清算业务可以在不同的交易场所之间按照净头寸计算,而无须在各个单独的交易场所分别计算。可互操作性相当于将市场竞争引入清算领域,这也带来了新的清算模式——连通清算模式,即多家清算所为多家交易所进行清算,中央对手方之间也形成了统一平台。连通清算模式使得投资者、清算所和交易所都从中受益、实现共赢,或许会是清算市场未来的主流清算模式。2008年全球金融危机后,场外市场场内化和《金融市场基础设施原则》的颁布使得清算体系建设更加注重系统性风险的防范,连通清算模式更能应对市场环境的改变,清算行业也在市场竞争中寻找到公平与效率的新平衡点。

第一节　传统的清算模式

传统的清算模式可以分为垂直清算模式和水平清算模式两种。

一、垂直清算模式——一家清算所为一家交易所进行清算

垂直清算模式是指清算所作为交易所的一个附属部门或控股子公司(全资或绝对控股),从组织结构上看,交易所垂直管理清算所,是一家清算所为一家交易所进行清算的业务模式。在这种模式中,交易所承担交易、清算和结算业务,控制着金融产品交易的价值链。目前,全球大部分交易所都选择这种一体化的交易清算模式,如美国 CME、欧洲期货交易所(Eu-

---

[①] 清算(clearing)介于交易(trading,即投资者同意开始交易)与结算(settlement,即投资者最终完成资金或实物划拨)之间,是实时评估投资者持有头寸风险的中间阶段。选取什么样的清算模式将决定清算行业的市场结构与经营效率。

rex)、印度国家证券交易所(NSE)和中国香港交易及结算所有限公司等。

垂直清算模式的优势在于能够提高交易所与清算所的经营效率,原因在于:第一,将交易所与清算所整合在一起可以统一协调交易、清算和结算的全过程;第二,便于交易所新产品设计与开发时清算环节的配合。

然而,垂直清算模式存在一定缺陷:第一,交易所形成了集交易、清算和结算于一体的网络组织,加之当某些金融产品(如衍生品)自身的替代性较弱时,清算业务封闭,形成了自然垄断,进而影响整个衍生品清算行业的竞争效率;第二,由于清算所隶属于交易所,清算环节出现问题,特别是出现重大违约事件时,由交易所承担风险会影响交易安全,清算风险因此放大;第三,交易所对保证金和风险准备金等制度的限制会降低会员的资金使用效率。

二、水平清算模式——一家清算所为多家交易所进行清算

水平清算模式分开了交易与清算,将清算业务外包给专门的清算所,清算所与交易所之间呈水平关系,是一家清算所为多家交易所进行清算的业务模式。采取独立经营的清算所一般不从属于任何一家交易所,有独立的经营目标,所有权与治理结构都独立于交易所;尽管交易所常常会拥有清算所的部分股权,但没有一家交易所在清算所的发起者、所有者、管理者或者使用者中占有支配地位;对于独立的清算所来说,它们通常拥有许多清算会员单位,同时为多家交易所提供清算服务。例如,美国的诸多期权交易所都通过期权清算公司(OCC)进行清算。

水平清算模式的优势在于:第一,独立的清算所可以有效制约交易所因扩大成交量而降低风险控制标准的行为;第二,减少保证金和资金划转等业务,投资者可以降低财务成本,提高资金使用效率。

然而,水平清算模式的问题在于:第一,由于独立清算所数量有限,不仅没有在清算行业实现真正的市场竞争,反而形成了寡头竞争的市场格局,这在一定程度上有损清算行业的市场效率;第二,不利于交易所产品设计与创新中清算环节的配合。

三、中国现行清算机构及其业务范围

目前,中国两家证券交易所内部不设立结算部门,统一由中国证券登记结算公司负责证券交易的登记、存管和结算。在业务范围上,按照《证券法》关于证券登记结算集中统一运营的要求,从 2001 年 10 月 1 日起,中国证券登记结算公司承接了原来隶属于上海证券交易所和深圳证券交易所的全部登记结算业务,其下属的上海、深圳两家分公司分别为上海证券交易所和深圳证券交易所的各类证券交易提供清算交收服务。中国证券清算行业采取全国集中统一的组织架构。

目前,中国四家期货交易所的交易标的及组织形式有所不同,但在清算机构设置上基本统一,即都在交易所内部设立结算部门,以便管理保证金等风险管理所需资金。交易所结算部负责交易所与结算会员之间的清算和结算工作。三家商品期货交易所全部采取会员结算制度,如中金所采取分级结算制度,即结算会员的结算部门负责该结算会员与交易所、客户、交易会员之间的结算工作,交易会员的结算部门负责该交易会员和结算会员、客户之间的结算工作。在业务范围上,国内四家期货交易所结算部仅为在本交易所进行交易的期货合约提供清算和结算服务,属于典型的垂直清算模式。这种内设结算部的模式在期货衍生品市场发展早期有利于新合约的上市和开发,促进了期货交易所的发展。

第二节 可互操作性与新的清算模式
——连通清算模式

近年来,清算的可互操作性以及由其带来的连通清算模式正在改变传统清算行业的市场格局,形成了多家清算所为多家交易所进行清算的市场结构,中央对手方之间也形成了统一平台,继而为清算行业带来了真正的市场竞争。这种通过竞争在市场效率与安全之间找到新的平衡点的思路正在成为现实。

一、可互操作性使得连通清算模式成为可能

可互操作性是指投资者基于某种产品的清算业务可以在不同的交易场所之间按照净头寸计算，而无须在各个单独的交易场所分别计算，这种清算的可互操作性可以提高市场效率、降低交易后成本和风险、加强市场竞争和提供新的商业机会。

在目前的股权类产品市场中，投资者可以通过不同的交易平台交易同一种股权类产品，每种产品都与各自的中央对手方清算。随着股权类合约可互换性的发展，即投资者可以在某一个交易场所开启头寸，而在另一个交易场所关闭头寸，股权类产品的市场竞争愈演愈烈，然而，投资者依然需要在上述两个交易场所都缴纳清算费用，这不仅花费昂贵，更会带来额外的操作风险（多个中央对手方）和流动性风险（更多的清算费用）。交易场所出于自身利益考虑，希望投资者可以选择某家中央对手方并实现集中清算，而交易对手方之间往往希望能够根据自己的意愿选择不同的中央对手方，双方（交易场所与投资者）之间的分歧由此产生。

引入清算的可互操作性后可以降低操作风险，即投资者可以基于同一种产品的净头寸减少中央对手方的个数，也可以降低清算费用，即投资者可以基于同一种产品的净头寸缴纳清算费用，无须在每个持有的头寸上都缴纳清算费用，从而降低流动性风险。对于投资者而言，多元化的清算选择可以满足不同的交易清算需求。对于交易场所而言，一方面，清算领域市场开放后会导致原先部分垄断利润消失，但另一方面，引入市场竞争后的清算领域也可以为交易场所参与更多的清算业务提供可能与机会，有效缓解交易场所与投资者之间的矛盾。对于清算所而言，无论是垂直清算模式还是水平清算模式，都是一家清算所为一家交易所或多家交易所进行清算，而清算的可互操作性将实现多家清算所为多家交易所进行清算的新业务模式——连通清算模式，使中央对手方之间形成统一平台，清算所之间的竞争由此展开，这将带来清算所自身专业能力的提高，长远来看有利于清算行业的整体发展。

尽管将可互操作性引入清算领域早已是行业内共识,但监管机构一直担心这会触发系统性风险,所以改革进展十分缓慢。由于清算的可互操作性将使得清算领域形成激烈竞争的市场格局,诸多传统交易所和清算所对此持谨慎态度。目前,只有新兴交易系统在欧洲的现金股权类交易市场和集中清算的、标准化的OTC市场朝着清算可互操作性的方向发展。衍生品市场的清算可互操作性尚在讨论之中,目前仍然维持现状。从长远来看,在竞争中寻找效率与安全平衡点的思路将使得投资者、清算所和交易所实现合作共赢的局面。

二、连通清算模式的案例

除了传统的、受监管的交易所,金融市场上出现了多边交易设施即MTF,它使多方根据一定规则进行金融工具交易。MTF作为交易领域的新兴交易系统,是金融交易电子化、网络化的产物,与此同时,MTF在清算领域可互操作性方面同样走在最前端,BATS和Chi-X Europe是典型代表。

BATS全球市场公司(BATS Global Markets,简称BATS)是一家全球金融市场技术公司,总部位于美国密苏里州堪萨斯城,在纽约和伦敦设有办事处。BATS成立于2005年6月,在美国运营着两家证券交易所(BZX Exchange和BYX Exchange)以及一个美国股票期权市场BATS Options,并在欧洲运营着一个获得英国金融服务管理局授权的MTF——BATS Europe。2011年第四季度,BATS Europe的交易额高达1403亿欧元,约占泛欧证券交易额的6.4%。

Chi-X Europe成立于2007年3月,是一家得到英国金融服务管理局授权的MTF,提供如下交易服务:24种指数和15个主要欧洲市场的1300多种流动性较高的证券,以及可见的买卖盘记录和Chi-Delta非显示买卖盘记录中的ETF(交易所交易基金)、ETC(交易所交易商品)和IDR(国际寄存单据)。Chi-X Europe在2010年成为欧洲第二大股票交易所,其在2010年第四季度的交易额更是高达3680亿欧元。

BATS与Chi-X Europe都是泛欧交易场所,其共同点在于实行低成本的精简操作模式,旨在帮助投资者实现超低的执行以及交易和清算成本。2011年第二季度,BATS Europe 与 Chi-X Europe 就价格变动单位、符号、市场数据和清算等主要市场结构问题进行了紧密合作,以减少欧洲金融市场交易环境中长期存在的障碍。最终,两家新兴交易系统完成了兼并收购,合并后的新公司即是 BATS Chi-X Europe。

2006年起,欧洲自动清算协会(European Automated Clearing House Association,EACHA)就一直致力于建立清算可互操作性的框架。2011年7月29日,经过长时间的争论,BATS Chi-X Europe 终于成为第一家引入清算可互操作性的交易平台(除了西班牙市场),初期有三家清算所可供投资者自由选择,分别是 EuroCCP、SIX x-clear 和 LCH.Clearnet。随后,2012年1月1日,欧洲货币合作基金(EMCF)成为第四家参与可互操作性的清算所,且这四家清算所将各自的技术系统相连。

金融市场对清算的可互操作性尝试给出了积极评价,连通清算模式实现了清算所之间互通、多家清算所为多家交易所进行清算的市场结构,这也为清算行业带来了真正的市场竞争,投资者因此降低了清算等交易后的成本,金融市场也更加有效与安全。

三、连通清算模式的特点

从经济学原理来看,清算是为交易服务的,清算基础设施的容量需要应对巨大的交易量,清算数量越大,平均成本越低,连通清算模式相当于将多个中央对手方置于统一平台,可以通过规模经济降低清算所成本,同时为客户减少接口以降低其清算成本。

从组织结构来看,连通清算模式的最大特点是使得中央对手方有效地整合系统并提供统一的清算平台。中央对手方之间也互为中央对手关系,这就使得所有风险管理都通过连接中央对手方的统一系统实现,违约、保证金要求、财务资源和操作要求等也趋于统一。连通清算模式连接了不同的清算所,使得清算所在产品范围以及区域上实现了多样性,从而增加了清算所的规模及范围,增加其网络优势的同时也将现有的基础优势放大,并可以继续为区域市场和不同监管环境中的特别需求提供量身定做的个性化服务。Hasenpusch 于 2013 年以问卷形式完成了原创实证研究,论证了多个具有竞争性且互联的连通清算模式会比单一清算中心更有优势,同时也优于交叉保证金协议和并购。具体而言,清算互联能够给清算会员带来效率的提升,交叉保证金协议是中性的,并购和单一中央对手方则使得效率受损。

然而,场外集中清算过程中可能出现逆向选择和道德风险。如果中央对手方对所有清算会员都设定同样的保证金要求,信用等级更高的机构可能会因此不进行集中清算,进而导致清算会员多为信用等级较低的机构;而机构在成为中央对手方清算会员之后,由于中央对手方的担保作用不再寻找信用等级较高的交易对手。故集中清算更易引发系统性风险。连通清算模式使得各中央对手方都处于同一平台,上述问题则更为强化。在全球化背景下,清算的可互操作性将原本相对独立的金融市场主体连接在一起,一方面分担了交易各方的特质性风险,另一方面连接多家清算所也带来了潜在的系统性风险,一家清算所破产将迅速影响其他清算所。清算的可互操作性将使得清算领域形成激烈竞争的市场格局,诸多传统交易所和清算所对此保持谨慎态度;同时,监管机构一直担心清算可互操作性是否会触发系统性风险,所以改革进展十分缓慢。

四、连通清算模式对衍生品市场清算的影响

在欧洲,尽管以 BATS Chi-X Europe 为代表的新兴交易系统开始将清算的可互操作性引入股权类的现货市场,但在欧盟实施 MiFID 之前,衍生品的清算大多由附属于交易所的清算部门完成,清算业务缺乏可互操作性,清算部门之间没有竞争,投资者无法自主选择清算场所,不得不接受交易所对清算场所的安排。

追溯欧洲衍生品清算领域缺少竞争的根源,部分在于欧洲的衍生品合约不具有交易的可互换性,即同一衍生品的合约无法在不同交易场所交易,在某一交易场所买进的衍生品无法在另一交易场所卖出。然而,随着美国金融市场展开关于衍生品合约可互换性的讨论,欧洲金融市场衍生品交易具有可互换性或许也将成形。与美国股权类现货市场合约交易具有可互换性相比较,传统的衍生品市场由于合约不具有可互换性,清算可互操作性尚在讨论中,市场格局仍然维持原样。

五、监管机构对连通清算模式的考虑

欧洲的政策制定者正面临是否支持交易所衍生品具备可互换性的决策。

支持者认为期货交易所应该在价格上竞争,与股票和期权交易所类似。如果交易所试图推销类似的衍生品,将产生套利机会,对所有市场参与者都有利,包括潜在的价格套利机会以及新的交易机会。然而,在垂直清算模式下,在交易所交易的产品合约直接在交易所所有的清算所进行交易后处理,这实质上将投资者锁定在合约进行上市交易的期货交易所,导致交易所之间缺乏竞争,形成垄断。因此,市场参与者广泛支持开放准入(open access)。为了鼓励竞争,监管者显然希望清算所能够为多家交易场所清算。

反对者主要担心开放衍生品市场清算接口会影响金融市场的稳定性。投资者想要衍生品头寸轧差的收益,这样可以为其提供流动性,但是连接两家清算所也会带来潜在的系统性风险,一家清算所破产将迅速影响其他清算所。此外,开放准入也可能造成欧洲监管政策不一致。对于清算的可互操作性,ESMA规定交易所允许客户接入未平仓头寸,客户可以在一家清算所对某一互换合约开仓,而在另一家清算所将其平仓。然而,ESMA将竞争限于非上市衍生品,这需要与 MiFID Ⅱ 的规定进行调和。相比美国的《多德—弗兰克法案》对场外衍生品进行强制规定,欧洲的监管政策更行之有效。

思考题

1. 请概述清算所与交易所的组织结构类型。
2. 请区分清算与结算的异同。
3. 请论述清算竞争是否会带来市场效率的提高。

 视频资源

清算可互操作性

参 考 文 献

[1] Ait-Sahalia Y, Saglam M. High Frequency Market Making: Implications for Liquidity[J]. available at SSRN 2908438, 2017.

[2] Anagnostidis P, Fontaine P. Liquidity Commonality and High Frequency Trading: Evidence from the French Stock Market[J]. *International Review of Financial Analysis*, 2020, 69.

[3] Amihud Y, Mendelson H. Dealership Market: Market-making with Inventory[J]. *Journal of Financial Economics*, 1980, 8(1).

[4] Baldauf M, Mollner J. High-Frequency Trading and Market Performance[J]. *The Journal of Finance*, 2020, 75(3).

[5] Banerjee A, Roy P. Are High Frequency Traders Really Market-makers? [J]. available at SSRN 4135710, 2022.

[6] Baruch S. Who Benefits from an Open Limit-Order Book? [J]. *Journal of Business*, 2005, 78(4).

[7] Bernales A. Make-take Decisions under High-Frequency Trading Competition[J]. *Journal of Financial Markets*, 2019, 45.

[8] Baron M, Brogaard J, Hagströmer B, et al. Risk and Return in High-Frequency Trading[J]. *Journal of Financial and Quantitative Analysis*, 2019, 54(3).

[9] Boni L, Brown D C, Leach J C. Dark Pool Exclusivity Matters[J]. available at SSRN 2055808, 2013.

[10] Benos E, Brugler J, Hjalmarsson E, et al. Interactions among High-Frequency Traders[J]. *Journal of Financial and Quantitative Analysis*, 2017, 52(4).

[11] Bhattacharya N, Chakrabarty B, Wang X F. Do High Frequency Traders Bring Fundamental Information into Prices[R]. Working Paper, Saint Louis University and Singapore Management University, 2017.

[12] Bilinski P, Karamanou I, Kopita A, et al. Does High Frequency Trading Affect Analyst Research Production? [J]. available at SSRN 3627459, 2020.

[13] Blochter J, Cooper R, Seddon J, et al. Phantom Liquidity and High-Frequency Quoting[J]. *The Journal of Trading*, 2016, 11(3).

[14] Breckenfelder J. Competition among High-Frequency Traders, and Market Quality[J]. *ECB Working Paper*, 2019, (2290).

[15] Brogaard J, Hendershott T, Riordan R. High Frequency Trading and the 2008 Short-sale Ban[J]. *Journal of Financial Economics*, 2017, 124(1).

[16] Brogaard J, Carrion A, Moyaert T, et al. High Frequency Trading and Extreme Price Movements[J]. *Journal of Financial Economics*, 2018, 128(2).

[17] Brogaard J, Hendershott T, Riordan R. High-Frequency Trading and Price Discovery[J]. *The Review of Financial Studies*, 2014, 27(8).

[18] Brogaard J, Hagströmer B, Nordén L, et al. Trading Fast and Slow: Colocation and Liquidity[J]. *The Review of Financial Studies*, 2015, 28(12).

[19] Biais B, Foucault T, Moinas S. Equilibrium Fast Trading[J]. *Journal of Financial Economics*, 2015, 116(2).

[20] Boulatov A, George T J. Hidden and Displayed Liquidity in Securities Markets with Informed Liquidity Providers[J]. *The Review of Financial Studies*, 2013, 26(8).

[21] Biais B, Foucault T, Moinas S. Equilibrium Fast Trading[J]. *Journal of Financial Economics*, 2015, 116(2).

[22] Budish E, Cramton P, Shim J. The High-Frequency Trading Arms Race: Frequent Batch Auctions as a Market Design Response[J]. *The Quarterly Journal of Economics*, 2015, 130(4).

[23] Budish E, Cramton P, Shim J. Implementation Details for Frequent Batch Auctions: Slowing down Markets to the Blink of an Eye[J]. *American Economic Review*, 2014, 104(5).

[24] Calcagnile L M, Bormetti G, Treccani M, et al. Collective Synchronization and High Frequency Systemic Instabilities in Financial Markets[J]. *Quantitative Finance*, 2018, 18(2).

[25] Clapham B, Haferkorn M, Zimmermann K. Does Speed Matter? The Role of High-Frequency Trading for Order Book Resiliency[J]. *Journal of Financial Research*, 2020, 43(4).

[26] Chakrabarty B, Moulton P C, Trzcinka C. The Performance of Short-term Institutional Trades[J]. *Journal of Financial and Quantitative Analysis*, 2017, 52(4).

[27] Chordia T, Roll R, Subrahmanyam A. Liquidity and Market Efficiency[J]. *Journal of Financial Economics*, 2008, 87(2).

[28] Chung K H, Chairat C. Regulation NMS and Market Quality[J]. Working

Paper, 2010.

[29] Colliard J E, Foucault T. Trading Fees and Efficiency in Limit Order Markets [J]. *The Review of Financial Studies*, 2012, 25(11).

[30] Conrad J, Johnson K M, Wahal S. Institutional Trading and Alternative Trading Systems[J]. *Journal of Financial Economics*, 2003, 70(1).

[31] Conrad J, Wahal S, Xiang J. High-Frequency Quoting, Trading, and the Efficiency of Prices[J]. *Journal of Financial Economics*, 2015, 116(2).

[32] Conrad J, Wahal S. The Term Structure of Liquidity Provision[J]. *Journal of Financial Economics*, 2020, 136(1).

[33] Degryse H, Van Achter M, Wuyts G. Dynamic Order Submission Strategies with Competition between a Dealer Market and a Crossing Network[J]. *Journal of Financial Economics*, 2009, 91(3).

[34] Degryse H, De Jong F, Kervel V. The Impact of Dark Trading and Visible Fragmentation on Market Quality[J]. *Review of Finance*, 2015, 19(4).

[35] Demsetz H. The Cost of Transacting[J]. *The Quarterly Journal of Economics*, 1968, 82(1).

[36] Daniëls T R, Dönges J, Heinemann F. Crossing Network Versus Dealer Market: Unique Equilibrium in the Allocation of Order Flow[J]. *European Economic Review*, 2013, 62.

[37] Dönges J, Heinemann F. Crossing Networks versus Dealer Market: Unique Equilibrium in the Allocation of Order Flow [J]. Working Paper, 2006.

[38] Du S, Zhu H. What Is the Optimal Trading Frequency in Financial Markets? [J]. *The Review of Economic Studies*, 2017, 84(4).

[39] Easley D, De Prado M M L, O'Hara M. The Microstructure of the "Flash Crash": Flow Toxicity, Liquidity Crashes, and the Probability of Informed Trading[J]. *The Journal of Portfolio Management*, 2011, 37(2).

[40] Easley D, López de Prado M M, O'Hara M. Flow Toxicity and Liquidity in a High-Frequency World[J]. *The Review of Financial Studies*, 2012, 25(5).

[41] Easley D, O'hara M. Price, Trade Size, and Information in Securities Markets [J]. *Journal of Financial Economics*, 1987, 19(1).

[42] Eom K S, Ok J, Park J H. Pre-trade Transparency and Market Quality[J]. *Journal of Financial Markets*, 2007, 10(4).

[43] Egginton J F, Van Ness B F, Van Ness R A. Quote Stuffing[J]. *Financial*

Management, 2016, 45(3).

[44] Ekinci C, Ersan O. High-Frequency Trading and Market Quality: The Case of a "Slightly Exposed" Market[J]. *International Review of Financial Analysis*, 2022, 79.

[45] Ersan O, Evans R, Kirilenko A, Kyle A. The Flash Crash: High-Frequency Trading in an Electronic Market[J]. *The Review of Financial Studies*, 2021, 34(10).

[46] Fama E. The Behavior of Stock Market Prices[J]. *Journal of Business*, 1965, (38).

[47] Fama E. Efficient Capital Markets: A Review of Theory and Empirical Work[J]. *Journal of Finance*, 1970, (25).

[48] Foresight. The Future of Computer Trading in Financial Markets: An International Perspective[R]. UK Government Office for Science, 2012.

[49] Foucault T, Hombert J, Rosu I. News Trading and Speed[J]. *The Journal of Finance*, 2016, 71(1).

[50] Foucault T, Menkveld A J. Competition for Order Flow and Smart Order Routing Systems[J]. *The Journal of Finance*, 2008, 63(1).

[51] Fong K, Madhavan A, Swan P L. Upstairs, Downstairs: Does the Upstairs Market Hurt the Downstairs[J]. *Preprint*, 2004.

[52] Foster D P, Gervais S, Ramaswamy K. The Benefits of Volume-conditional Order-crossing[J]. available at SSRN 924410, 2007.

[53] Frino A, Mollica V, Zhang S. The Impact of Tick Size on High Frequency Trading: The Case for Splits[J]. available at SSRN 2607391, 2015.

[54] Golub A, Keane J, Poon S H. High Frequency Trading and Mini Flash Crashes [J]. *arXiv preprint arXiv*:1211.6667, 2012.

[55] Garman M B. Market Mcrostructure[J]. *Journal of Financial Economics*, 1976, 3(3).

[56] Glosten L R, Milgrom P R. Bid, Ask and Transaction Prices in a Specialist Market with Heterogeneously Informed Traders[J]. *Journal of Financial Economics*, 1985, 14(1).

[57] Gresse C. The Effect of Crossing-network Trading on Dealer Market's Bid-ask Spreads[J]. *European Financial Management*, 2006, 12(2).

[58] Grossman S J, Miller M H. Liquidity and Market Structure[J]. *The Journal of Finance*, 1988, 43(3).

[59] Hasbrouck J. *Empirical Market Microstructure: The Institutions, Economics,*

and Econometrics of Securities Trading [M]. Oxford University Press, 2007.

[60] Hasbrouck J. Securities Trading: Procedures and Principles[J]. Draft Teaching Notes, 2013.

[61] Hagströmer B, Nordén L. The Diversity of High-Frequency Traders [J]. Journal of Financial Markets, 2013, 16(4).

[62] Hagströmer B, Nordén L, Zhang D. How Aggressive are High-Frequency Traders? [J]. Financial Review, 2014, 49(2).

[63] Hautsch N, Noé M, Zhang S S. The Ambivalent Role of High-Frequency Trading in Turbulent Market Periods[J]. CFS Working Paper, 2017.

[64] Hendershott T, Jones C M, Menkveld A J. Does Algorithmic Trading Improve Liquidity? [J]. The Journal of finance, 2011, 66(1).

[65] Hendershott T, Mendelson H. Crossing Networks and Dealer Markets: Competition and Performance[J]. The Journal of Finance, 2000, 55(5).

[66] Hendershott T, Moulton P C. Automation, Speed, and Stock Market Quality: The NYSE's hybrid[J]. Journal of Financial Markets, 2011, 14(4).

[67] Hirschey N. Do High-Frequency Traders Anticipate Buying and Selling Pressure? [J]. Management Science, 2021, 67(6).

[68] Hoffmann P. A Dynamic Limit Order Market with Fast and Slow Traders[J]. Journal of Financial Economics, 2014, 113(1).

[69] Ho T, Stoll H R. Optimal Dealer Pricing under Transactions and Return Uncertainty[J]. Journal of Financial Economics, 1981, 9(1).

[70] Ho T, Stoll H R. The Dynamics of Dealer Markets under Competition[J]. The Journal of Finance, 1983, 38(4).

[71] Jain P K, Jain P, McInish T H. Does High-Frequency Trading Increase Systemic Risk? [J]. Journal of Financial Markets, 2016, 31.

[72] Johnson N, Zhao G, Hunsader E, et al. Financial Black Swans Driven by Ultrafast Machine Ecology[J]. arXiv preprint arXiv:1202.1448, 2012.

[73] Johnson N, Zhao G, Hunsader E. Abrupt Rise of New Machine Ecology beyond Human Response Time[J]. Scientific Reports, 2013, 3(1).

[74] Jones C M. What Do We Know about High-Frequency Trading? [J]. Columbia Business School Research Paper, 2013, (13-11).

[75] Kang J, Kwon K Y, Kim W. Flow Toxicity of High-Frequency Trading and Its Impact on Price Volatility: Evidence from the KOSPI 200 Futures Market[J]. Journal of

[76] Kaniel R, Liu H. So What Orders Do Informed Traders Use? [J]. *The Journal of Business*, 2006, 79(4).

[77] Ke Y, Zhang Y. Does High-Frequency Trading Reduce Market Underreaction to Earnings News? [J]. *Finance Research Letters*, 2020, 34.

[78] Kirilenko A, Lo A W. Moore's Law Versus Murphy's Law: Algorithmic Trading and Its Discontents[J]. *Journal of Economic Perspectives*, 2013, 27(2).

[79] Kirilenko A, Kyle A S, Samadi M, et al. The Flash Crash: High-Frequency Trading in an Electronic Market[J]. *The Journal of Finance*, 2017, 72(3).

[80] Korajczyk R A, Murphy D. High-Frequency Market Making to Large Institutional Trades[J]. *The Review of Financial Studies*, 2019, 32(3).

[81] Kwan A, Masulis R, McInish T H. Trading Rules, Competition for Order Flow and Market Fragmentation[J]. *Journal of Financial Economics*, 2015, 115(2).

[82] Kyle A S. An Equilibrium Model of Speculation and Hedging [D]. The University of Chicago, 1981.

[83] Kyle A S. A Theory of Futures Market Manipulations [A]. Anderson R W, ed., *The Industrial Organization of Futures Markets*. Lexington, Mass.: Lexington Books, 1984a.

[84] Kyle A S. Market Structure, Information, Futures Markets, and Price Formation[A]. Story G, Schmitz A, Sarris A. *International Agricultural Trade: Advanced Readings in Price Formation, Market Structure and Price Instability*, Westview Press, 1984b.

[85] Kyle A S. Continuous Auctions and Insider Trading[J]. *Econometrica*, 1985, 53(6).

[86] Kyle A S. Informed Speculation with Imperfect Competition[J]. *The Review of Economic Studies*, 1989, 56(3).

[87] Leal S J, Napoletano M, Roventini A, et al. Rock around the Clock: An Agent-based Model of Low-and High-Frequency Trading [J]. *Journal of Evolutionary Economics*, 2016, 26.

[88] Leal S J, Napoletano M. Market Stability vs. Market Resilience: Regulatory Policies Experiments in an Agent-based Model with Low-and High-Frequency Trading[J]. *Journal of Economic Behavior & Organization*, 2019, 157.

[89] Linton O, O'Hara M, Zigrand J P. The Regulatory Challenge of High Frequency

Markets[J]. *High-Frequency Trading*, 2013.

[90] Malceniece L, Malcenieks K, Putniņš T J. High Frequency Trading and Comovement in Financial Markets[J]. *Journal of Financial Economics*, 2019, 134(2).

[91] Malinova K, Park A, Riordan R. Do Retail Traders Suffer from High Frequency Traders[J]. available at SSRN 2183806, 2013.

[92] Malinova K, Park A. Subsidizing liquidity: The Impact of Make/Take Fees on Market Quality[J]. *The Journal of Finance*, 2015, 70(2).

[93] Malinova K, Park A, Riordan R. Taxing High Frequency Market Making: Who Pays the Bill[J]. available at SSRN 2183806, 2016.

[94] McInish T, Upson J, Wood R A. The Flash Crash: Trading Aggressiveness, Liquidity Supply, and the Impact of Intermarket Sweep Orders[J]. *Financial Review*, 2014, 49(3).

[95] Menkveld A J. High Frequency Trading and the New Market Makers[J]. *Journal of financial Markets*, 2013, 16(4).

[96] Menkveld A J. High-Frequency Traders and Market Structure[J]. *Financial Review*, 2014, 49(2).

[97] Menkveld A J. The Economics of High-Frequency Trading: Taking Stock[J]. *Annual Review of Financial Economics*, 2016, 8.

[98] Menkveld A J, Zoican M A. Need for Speed? Exchange Latency and Liquidity [J]. *The Review of Financial Studies*, 2017, 30(4).

[99] Mittal V A, Ellman L M, Cannon T D. Gene-environment Interaction and Covariation in Schizophrenia: The Role of Obstetric Complications[J]. *Schizophrenia Bulletin*, 2008, 34(6).

[100] Nawn S, Banerjee A. Do Proprietary Algorithmic Traders Withdraw Liquidity during Market Stress?[J]. *Financial Management*, 2019, 48(2).

[101] Naes R, Ødegaard B A. Equity Trading by Institutional Investors: To Cross or Not to Cross?[J]. *Journal of Financial Markets*, 2006, 9(2).

[102] O'Hara M. High Ffrequency Market Microstructure[J]. *Journal of Financial Economics*, 2015, 116(2).

[103] O'Hara M, Ye M. Is Market Fragmentation Harming Market Quality?[J]. *Journal of Financial Economics*, 2011, 100(3).

[104] O'Hara M, Yao C, Ye M. What's Not There: Odd Lots and Market Data[J]. *The Journal of Finance*, 2014, 69(5).

[105] Pagano M, Röell A. Transparency and Liquidity: A Comparison of Auction and Dealer Markets with Informed Trading[J]. *The Journal of Finance*, 1996, 51(2).

[106] Rosu I. Liquidity and Information in Order Driven Markets[J]. Working Paper, University of Chicago Booth School of Business, 2010.

[107] Stoll H R. The Supply of Dealer Services in Securities Markets[J]. *The Journal of Finance*, 1978, 33(4).

[108] van Kervel V. Competition for Order Flow with Fast and Slow Traders[J]. *The Review of Financial Studies*, 2015, 28(7).

[109] Yang L, Zhu H. Back-running: Seeking and Hiding Fundamental Information in Order Flows[J]. *The Review of Financial Studies*, 2020, 33(4).

[110] Ye M. Price Manipulation, Price Discovery and Transaction Costs in the Crossing Network[J]. available at SSRN 2024057, 2012.

[111] Yin X. A Comparison of Centralized and Fragmented Markets with Costly Search[J]. *The Journal of Finance*, 2005, 60(3).

[112] Zhu H. Do Dark Pools Harm Price Discovery?[J]. *The Review of Financial Studies*, 2014, 27(3).

[113] 乔尔·哈斯布鲁. 市场微观结构实证[M]. 边江泽译. 对外经济贸易大学出版社, 2010.

[114] 巴曙松, 王一出. 高频交易对证券市场的影响: 一个综述[J]. 证券市场导报, 2019, (7).

[115] 陈一勤. 从 NASDAQ 看中国做市商制度的建立[J]. 金融研究, 2000, (2).

[116] 李路. 境外金融市场结构变革与交易场所竞争格局研究[M]. 上海人民出版社, 2015.

[117] 李路, 汤晓燕. 市场微观结构[M]. 北京大学出版社, 2019.

[118] 刘逖. 市场微观结构与交易机制设计: 高级指南[M]. 上海人民出版社, 2012.

[119] 孙培源, 施东晖. 微观结构, 流动性与买卖价差: 一个基于上海股市的经验研究[J]. 世界经济, 2002, (4).

[120] 吴林祥. 我国证券市场引入做市商制度的思考[J]. 证券市场导报, 2005, (1).

[121] 莫琳·奥哈拉. 市场的微观结构理论[M]. 杨之曙译. 中国人民大学出版社, 2007.

后 记

　　市场微观结构,与资产定价和公司财务一起,构成了金融学的三大基础方向。然而,市场微观结构因其理论的复杂性较高、研究的实务性较强和数据获取的难度较大,目前国内开设这门课程的高校极少,即便开设,也往往面对研究生,较少面对本科生。

　　市场微观结构在实际应用方面正改变着全球市场。在海外市场,交易已经进入纳秒级别的竞争,股票交易中有70%属于高频交易,因此,市场微观结构的重要性与日俱增,正在改变着传统金融学,尤其是资产定价和公司财务的研究范式。随着中国市场与海外市场的接轨,中国期货、期权市场也进入微妙级别的竞争,这使得中国市场的微观结构与交易机制正在发生天翻地覆的变化。特别是过去五年,市场微观结构领域有了更多新的进展:一方面,从学术研究层面而言,越来越多的研究关注到极端市场情形下的高频交易,以及高频交易过度发展带来的金融市场生态结构问题;另一方面,从金融市场实践层面而言,中国对冲基金实现了资产管理规模和能力的跨越式发展,出现了以高频交易策略为主的对冲基金,市场风险不断加大。

　　本书融合了海外诸多市场微观结构领域学者的研究成果,同时结合笔者在中国金融期货交易所研发部从事市场微观结构与高频交易研究的工作经验,以及在上海外国语大学国际金融贸易学院为硕士研究生和本科生讲授市场微观结构课程的讲义资料,力图将理论研究、实务经验和监管选择结合在一起,并以通俗易懂、非数学的语言介绍给读者。本书的出版得到了上海外国语大学教材基金和北京大学出版社的鼎力支持,也得到了诸多同仁在资料整理和章节写作方面给予的支持,他们是上海外国语大学汤晓燕、周佩瑶、叶雅婷、钱欣玉,上海师范大学贺宇倩,上海立信会计金融学院王雪丁,中国证监会王玮、夏中宝、高苗苗,中国金融期货交易所于延超、张晓明、范玉良、张志海，笔者表示衷心的感谢。

最后，笔者尤其要感谢博士后合作导师——中国金融期货交易所总经理张晓刚先生，正是在先生的指引下，笔者才有机会接触并热爱市场微观结构与高频交易这一充满挑战和魅力的研究领域，本书中的绝大部分思想都来自先生的指导和启发。

书中错误和疏漏在所难免，笔者也会在今后的工作中不断更正与完善。

李　路

2024 年 5 月